Collection dirigée par le professeur Roger Brunet,
assisté de Suzanne Agnely et Henri Serres-Cousiné.

© *1977. Librairie Larousse. Dépôt légal 1977-4ᵉ - Nᵒ de série Éditeur 8175.*
Imprimé en France par l'imprimerie Jean Didier (Printed in France).
Librairie Larousse (Canada) limitée, propriétaire pour le Canada
des droits d'auteur et des marques de commerce Larousse.
Distributeur exclusif pour le Canada : les Éditions françaises Inc.,
licencié quant aux droits d'auteur et usager inscrit des marques pour le Canada.

Iconographie : tous droits réservés à A. D. A. G. P. et S. P. A. D. E. M.
pour les œuvres artistiques de leurs adhérents, 1977.
ISBN 2-03-013925-4.

beautés de la France

LA PROVENCE

Librairie Larousse
17, rue du Montparnasse, 75006 Paris.

Sommaire

Dans chaque chapitre figure une carte originale de Roger Brunet.

Les numéros entre parenthèses renvoient aux folios placés en bas de page avec les titres abrégés des chapitres (1. Aix-en-Provence - 2. Villages de Provence - 3. Provence des abbayes - 4. Rhône des papes - 5. Arles - 6. Camargue - 7. Calanques de Marseille).

1. Le pays d'Aix, une ville et sa campagne

Le reportage photographique a été réalisé par
Louis-Yves Loirat-C. D. Tétrel.

2. Les villages de Provence

Le reportage photographique a été réalisé par
Willy Ronis-Rapho,
à l'exception des photos
pp. 1, 18, Fraudreau-Top;
p. 3, Silvester-Rapho; p. 8, Lawson-Rapho;
pp. 9, 10-11, 12-13 (bas), 13 (haut), 16 (bas), 19 (haut), Loirat-C. D. Tétrel;
p. 20, Ricard-Top.

3. La Provence des abbayes

Le reportage photographique a été réalisé par
Martin Fraudreau-Top,
à l'exception des photos
p. 14, Loirat-C. D. Tétrel;
p. 15 (haut), Jalain-Cedri.

Notre couverture :

Les moines laborieux ont asséché les marécages couverts de roseaux, et Silvacane n'est plus entourée d'une « forêt de cannes ».

Phot. Martin Fraudreau-Top.

Le reportage photographique a été
réalisé par
Willy Ronis-Rapho,
à l'exception des photos
p. 3, Brichat-Rapho;
p. 4-5 (haut), P. Tétrel;
p. 6 (haut, à gauche), Georges-Top;
pp. 7, 15 (bas), Jalain-Cedri;
p. 12, Loirat-C. D. Tétrel;
p. 13 (haut), Hinous-Top;
p. 15 (haut), Kalicanin-C. D. Tétrel;
p. 19 (haut), Aubry.

5. Arles et le patrimoine gallo-romain de la Provence

Le reportage photographique a été
réalisé par
Erich Lessing-Magnum,
à l'exception des photos
pp. 3, 6 (bas), 7, 13 (haut, à gauche),
15 (bas), 16 (haut, à gauche), Kalicanin-
C. D. Tétrel;
pp. 4 (bas), 15 (haut, à droite), Lucien
Clergue;
pp. 6 (haut), 16 (haut, à droite), Ronis-
Rapho;
pp. 9, 12-13 (bas), Loirat-C. D. Tétrel;
p. 14 (haut, à droite), P. Tétrel;
pp. 14 (bas), 17 (haut), Peuriot-Pitch;
p. 18 (bas), vu du ciel par Alain
Perceval;
p. 19 (haut, à droite), Marmounier-
Cedri;
p. 19 (bas, à droite), Lawson-Rapho.

6. Terres et eaux mêlées, le triangle sacré de la Camargue

Le reportage photographique a été
réalisé par
Christian Errath-Explorer,
à l'exception des photos
p. 2 (bas), Teurtroy-Jacana;
pp. 2 (bas, à gauche), 10-11, 13 (haut),
14-15, Silvester-Rapho;
p. 12, Kuligowski-Vloo;
pp. 13 (bas), 17 (haut), vu du ciel par
Alain Perceval;
p. 15 (haut), Volot-Explorer;
p. 16, Nadeau-Explorer;
p. 19 (bas), Monestier-Top.

7. La Provence des calanques

Le reportage photographique a été réalisé par
Gilbert Martin-Guillou-C. D. Tétrel,
à l'exception des photos
pp. 1, 4 (haut), 5, 12 (haut), 15,
Gaston Rébuffat;
p. 14 (haut), Delluc-Viva;
p. 16, P. Jaubert;
p. 17 (haut), Falk-Rapho;
p. 19 (haut), Arnault-Pitch;
p. 19 (bas), Randic-Rapho.

En Provence

CCE LIVRE *vous invite à flâner en Provence. Oh, pas* toute *la Provence : sous le plus lumineux des ciels de France, qui magnifie chaque pierre, la densité des trésors de l'art et de la nature est telle qu'il faudrait faire trop de sacrifices. Un autre volume de cette même collection unit la haute Provence à la Côte d'Azur et au Var. C'est donc, ici, de la Provence au sens étroit qu'il s'agit, ou basse Provence : celle de l'ouest et des plaines, du Rhône et de la basse Durance.*

C'est la Provence qui a inspiré les écrivains et les cinéastes. Celle de Mistral et Giono, de Daudet et Pagnol. Dite par eux, souvent perçue à travers eux. Avec toutes les déformations qui en résultent. Bourrée de clichés faciles et figés, faux et fumeux, qui ont pris la teinte passée des photographies du siècle dernier, où l'on «posait» selon les préjugés de l'«artiste». Zola, parlant d'Aix, a moins vieilli. En fait, les troupeaux de moutons ne soulèvent plus la poussière d'or, les familles ne sont plus étouffées par le patriarche et le hobereau n'est plus le tyranneau.

À la place, quelle vie, quelle agitation dans ce qui est la partie la plus peuplée de la Provence, la plus riche, la mieux cultivée! Où l'irrigation a fait de nouveaux jardins sur les cailloux, embellissant encore des paysages qui, sans le travail des hommes, seraient singulièrement désolés — il reste quelques parcelles de Crau pour en donner une idée.

Comme tout pays de civilisation méditerranéenne, cette Provence est d'abord urbaine. Ce qui est presque un pléonasme : civilisation vient de civitas, *«cité»; comme urbanité vient d'*urbs, *«ville»... Et ses villes sont belles. C'est pourquoi ce livre vous parle un peu longuement d'Arles, d'Avignon ou d'Aix : trois agglomérations en A, comme Art; trois époques : la romaine, la médiévale, la classique; trois commanditaires : l'empereur, le pape, l'aristocratie de la terre et du commerce. D'inoubliables vieilles pierres, qu'ombragent encore platanes, ormes et marronniers. Et la gloire des festivals, qui trouvent ici un cadre de rêve.*

Marseille a sa place aussi; mais Marseille, c'est tout autre chose. À l'autre bout de la chaîne des cités, toutes les petites villes, ou les gros villages — comment distinguer vraiment les uns des autres? Cavaillon ou Châteaurenard sont envahis par les remorques pleines de fruits, et le moindre village a des airs d'urbanité. Jadis, on se perchait à l'abri du pillard, du Sarrasin; et à l'écart des fonds malsains. Il en reste ces extraordinaires villages en oppidum, étagés sur les pentes, aux rues étroites et ombreuses, qui ont séduit tant d'artistes. Si Les Baux font un peu vieille coquette au «lifting» voyant, leur site reste admirable, et l'on peut s'évader de leur rue principale. Mais Gordes! Mais la demi-douzaine de villages du Luberon, tout près des ocres à vif!

Au pied de ces villages, les plaines, devenues fertiles. Derrière, le vide des garrigues, des milliers d'hectares où errer au vent du mistral, au chant des cigales, à l'odeur des «herbes de Provence», en vue du Ventoux ou de la Sainte-Victoire : des garrigues à prendre par tous les sens, par tout le corps.

Là, caché dans un vallon, un autre trésor. Quelque prieuré, ou l'une de ces abbayes romanes dont on ne dira jamais assez la simplicité, la délicatesse, la pureté : Ganagobie, ou Silvacane. Ou un autre village, comme Simiane, et sa Rotonde. Avec brusquement une gorge, un gouffre, une muraille guillochée comme les «dentelles» de Montmirail, et même une vraie montagne comme Lure ou le Ventoux. Loin du monde. Loin de la mer...

...Pourtant si proche. Car le massif des Calanques a le même aspect et les mêmes vertiges; avec, en plus, les inoubliables bleus, tous les bleus, de l'eau. Probablement la plus belle côte de France, mais qu'il faut avoir méritée : il n'y a pas de route-en-corniche. De l'autre côté des Marseillais, qui ont bien de la chance, la Camargue. Elle nous ramène au Rhône, et aux mythes — manades, chevaux, légendes, l'Arlésienne et les saintes Maries. Plutôt que de s'y laisser prendre, il vaut mieux vagabonder les yeux ouverts, au hasard des chemins qui ne mènent nulle part.

Et où, à nouveau, on est loin de tout : un paradoxe de la Provence, c'est qu'à côté de ses exceptionnelles densités d'hommes et de monuments, de sites connus et classés on peut avoir aussi la solitude, et une nature quasi sauvage.

ROGER BRUNET

le pays d'Aix

une ville et sa campagne

*Baignée de lumière
et parée de verdure,
Aix reflète
tout un art de vivre,
fruit d'une longue
et riche histoire.
D'aristocratiques demeures,
de larges avenues ombragées,
des rues fraîches
et tranquilles,
des petites places
qu'anime le babillage
des fontaines
y créent une atmosphère
très particulière,
véritable « miracle » dont
le cours Mirabeau
est le reflet.*

◀ *La montagne Sainte-Victoire
telle qu'on peut la voir
du refuge Cézanne.*

◀ *Une rue étroite,
réservée aux piétons,
qui débouche sur le cours.*

▲ *Sur le cours, la fontaine des Neuf-Canons
servait autrefois d'abreuvoir
pour les troupeaux transhumants.*

Aix-en-Provence. 3

Conçue au milieu
du XVIIIe siècle,
la place d'Albertas
offre un parfait exemple
du décor architectural
de l'ancienne capitale
de la Provence.
Équilibre des lignes,
fenêtres cintrées,
panneaux de ferronnerie...
L'ordonnance, bien française,
évoque les places royales
parisiennes
de la fin du XVIIe.

◄ L'hôtel d'Albertas :
une grande simplicité,
mais une certaine recherche
dans le dessin et
l'ornementation des ouvertures.

Une élégante fontaine à vasque
du début de ce siècle
▼ anime la place.

Avec les gracieuses
façades de ses hôtels
particuliers,
les délicates moulures
de leurs portes,
les bossages,
pilastres et frises
qui décorent leurs murs,
le fer joliment forgé
des balcons
portés
par de puissants atlantes,
Aix-en-Provence
a conservé intacts
les témoignages
de son prestige d'antan.

L'hôtel de Maurel de Pontevès,▲
élevé au Grand Siècle
et dont la décoration
révèle l'influence italienne.

Une belle grille du XVIIᵉ▶
ouvre sur la cour intérieure
de l'hôtel de ville.

Solides atlantes ▶▶
et guirlandes de fruits
ornent l'entrée
du pavillon de Vendôme.

La campagne d'Aix est faite d'horizons aux lignes accusées,
de paysages aux couleurs contrastées
qui chantent dans une lumière avivée par la sécheresse,
de vallons ombreux et solitaires,
de villages quiets et pittoresques,
de fières demeures seigneuriales
commandant souvent le passage des vallées.

8. Aix-en-Provence

▲ *Rochers colorés et terre aride,*
garrigue et forêts de pins,
le plateau du Grand Arbois,
dans la chaîne de Vitrolles.

◄ *Le château de Vauvenargues,*
que ceinture encore
une muraille médiévale,
se dresse sur un piton au-dessus
de la verte vallée de la Cose.

Haut lieu du pays d'Aix, ►
la longue échine blanche
de la Sainte-Victoire,
vue du plateau du Cengle.

Aix-en-Provence. 9

▲ *Étagé sur un promontoire*
de la chaîne de l'Étoile,
le village de Mimet.
Au fond, la Sainte-Victoire.

Des toits vieux rose étalés en
terrasses au pied du plateau d'Entremont et jusqu'à la vallée de l'Arc,
des îlots de verdure semés au milieu de la ville, des clochers haut
dressés au-dessus des maisons et, à la périphérie, les bourgeonne-
ments d'une cité moderne : telle apparaît Aix-en-Provence, âgée de
plus de deux mille ans, invitation au rêve pour le visiteur épris du
passé, promesse d'enchantement pour l'amoureux de la Provence.
Car, comme l'écrit Jacques Lachaud : « Il fait bon vivre à Aix... On y
vient et on s'y plaît parce qu'il existe un miracle né de la conjonction
de la lumière et de l'apparence des pierres, d'un équilibre entre
l'effervescence de Paris et le sommeil de la province, [...] d'une teinte
du ciel au recoin des toitures. »

À moins de 30 km de Marseille — sa grande sœur, dont elle partage
aujourd'hui le développement économique —, au carrefour de routes
qui vont vers les Alpes, la Côte d'Azur et l'Italie, Avignon et Arles,
celle que l'on a surnommée l'« Athènes du Midi » doit aussi à son site
la prestigieuse destinée que lui réserva l'histoire. Paysages aux lignes
accusées, aux couleurs contrastées, dévorés par la lumière et la
sécheresse, domaine de vallons ombragés où murmurent des sources
autant que de rocaille blanche où se plaît la garrigue, ce sont là les
charmes de la Provence d'Aix. À l'est, la longue échine claire de la
montagne Sainte-Victoire émerge des bois de pins. Au sud, au-delà du
bassin de Gardanne, la chaîne de l'Étoile étire ses crêtes déchiquetées. À l'ouest s'ouvrent des horizons calmes vers l'étang de Berre
et la région salonaise. Au nord, de l'autre côté de l'éperon
d'Entremont, parmi les collines qui fleurent le thym et le romarin,
serpente nonchalamment la vallée de la Durance. Proche est la haute
Provence, et guère plus éloignée la Méditerranée. Aix, au creux de
son vaste bassin planté d'oliviers, d'amandiers et de vignobles, à
l'abri de la violence du mistral, baigne dans le soleil.

« Quand on est né là-bas, tout est foutu, rien ne vous dit plus »,
déclarait Paul Cézanne, Aixois des plus illustres. Mais nombreux
furent les peintres et penseurs, musiciens et poètes, romanciers et
historiens dont le nom demeure associé au pays d'Aix. Peut-on rêver
plus beau cadre pour le « commerce des muses »?

De l'oppidum à la cité comtale

Ce n'est pourtant pas l'attrait de la campagne, mais plutôt le
caractère stratégique du site qui inspira la création d'Aix-en-
Provence. Sur le plateau d'Entremont, qui domine la ville actuelle, à
quelque 370 m d'altitude, s'élevait, au IVᵉ siècle avant notre ère, la
capitale politico-religieuse de la confédération des Salyens (alliance
entre Celtes et Ligures). Ils commandaient, de là, les voies reliant les

Alpes à Massalia, la Marseille phocéenne. Un voisinage qui ne
manqua pas d'inquiéter les Massaliotes : au IIᵉ siècle, ceux-ci eurent
recours à leurs alliés romains pour éliminer la menace, et, en 123 av.
J.-C., le proconsul Caius Sextius Calvinus se rendit maître de
l'oppidum d'Entremont et le détruisit.

Sur les pas de Cézanne

Aucun nom n'est plus évocateur du pays d'Aix que celui de Paul Cézanne, qui, tout au long de sa vie, ne cessa de le chanter par ses peintures et ses aquarelles. Il sut le regarder, en appréhender les couleurs et la lumière, en rendre la sauvage grandeur et l'étrange attrait. « Le paysage se pense en moi et je suis sa conscience », disait-il. À travers ces « morceaux de nature », fruits d'un art intuitif, le monde entier connaît aujourd'hui les horizons de la campagne aixoise, et surtout la silhouette solitaire de la montagne Sainte-Victoire. « J'ai vu que l'ombre sur Sainte-Victoire est convexe, renflée. Vous le voyez comme moi. C'est incroyable. C'est ainsi... J'en ai eu un grand frisson. Si je fais par le mystère de mes couleurs partager ce frisson aux autres, n'auront-ils pas un sens de l'universel plus obsédant peut-être, mais combien plus fécond et plus délicieux? » Et l'artiste parvint à communiquer ce « frisson », grâce à une vision dépouillée et poétique du site (devenu, à partir de 1890, le thème privilégié de son œuvre).

Cézanne était né à Aix en 1839, d'un père chapelier, puis banquier. Après des études au collège Bourbon, où il se lia d'amitié avec l'un de ses condisciples, Émile Zola, il s'orienta d'abord vers le droit; mais son goût pour la peinture se fit impérieux, et il se rendit à Paris pour s'y consacrer. L'effervescence intellectuelle à laquelle il fut mêlé — notamment par ses relations avec le jeune groupe impressionniste (il se joignit à leur première exposition en 1874) — ne réussit pas à effacer en lui la nostalgie du terroir natal. En fait, il ne le quitta jamais vraiment, entrecoupant la longue période parisienne de séjours à Aix, à l'Estaque, à Gardanne, à Bellevue, et, après la mort de son père (1886), il y vécut la majeure partie du temps.

Mille souvenirs rappellent au visiteur de la région la vie et l'œuvre de Cézanne. À Aix même, la maison natale du peintre, rue de l'Opéra (n° 28); la chapellerie paternelle, sur le cours Mirabeau (n° 55); le petit atelier de la rue Boulegon, où il mourut en 1906; les tableaux réunis par le musée Granet. Mais, pour parfaire ce pèlerinage, il convient d'aller voir, non loin d'Aix, le Jas de Bouffan, cette bastide du XVIIIᵉ siècle qu'acheta la famille Cézanne en 1859 et où le jeune Paul installa son premier atelier.

▲ *La fontaine de la rue des Bagniers (XVIIᵉ s.) est surmontée d'un médaillon de Cézanne, d'après Renoir.*

L'ancienne faculté de droit, un imposant bâtiment du XVIIIᵉ siècle.

Au pied de la place démantelée, sur un replat où jaillissaient des sources chaudes et froides, Rome choisit alors de s'établir. Elle fonda *Aquae Sextiae*, premier jalon de l'itinéraire naturel qui, d'est en ouest, allait assurer sa pénétration. Un siècle plus tard, vers 15 av. J.-C., l'antique Aix devint colonie. La renommée de ses eaux n'avait cessé de croître et, autour du poste militaire entourant les thermes, s'était formée une véritable ville romaine, avec ses monuments et ses aqueducs. Promue, à la fin du IIIᵉ siècle de notre ère, capitale de la Narbonnaise IIᵉ (province de la Gaule romaine), puis, quelque cent ans plus tard, siège d'un archevêché, elle eut bientôt à souffrir des grandes invasions. De ses édifices romains il ne reste presque rien — d'autant que le haut Moyen Âge utilisa ses ruines comme carrière.

L'adoptant comme résidence, les comtes souverains de Provence contribuèrent ensuite à la renaissance d'Aix. Elle devint sans conteste « capitale de la Provence », en dépit des dures épreuves qu'elle subit encore : la peste noire de 1348, les ravages des routiers — ces bandes de soldats irréguliers qui sévirent du XIIᵉ au XVᵉ siècle. La suzeraineté des princes d'Anjou sur la Provence, qui dura plus de deux siècles, de 1246 à 1481, la confirma dans ses fonctions politiques et judiciaires. Une université y fut même créée dans les premières années du XVᵉ siècle par Louis II. Aix connut ainsi les plus grandes heures de son histoire et, sans doute, est-elle redevable au roi René (1434-1480) d'avoir fait d'elle une cité des arts.

La capitale d'un roi poète

« Le roi René était un bon homme sans caractère ni talent. Pour avoir le plaisir de faire en repos des motets et de médiocres tableaux, il se laissa souffler tous ses États par le rusé Louis XI; la Provence lui a l'obligation d'avoir perdu sa nationalité... » Stendhal ne montre aucune indulgence pour ce fils de Louis II de Sicile et de Yolande d'Aragon, qui hérita des fiefs d'Anjou, de Lorraine, de Bar, et qui, de surcroît, roi de Naples et de Sicile, ajouta à ses titres celui de comte de Provence. Cependant, on l'appelait « le Bon Roi René ». Marié d'abord à Isabelle de Lorraine, puis en secondes noces à Jeanne de Laval, il aimait cette Provence, où il résida pourtant peu, en dehors des neuf dernières années de sa vie, passées dans son palais d'Aix. Et à cette ville il apporta beaucoup. Sa prédilection pour les arts et les lettres, ainsi que pour les réjouissances de toutes sortes, lui fit ouvrir sa cour à de nombreux artistes, tels que Nicolas Froment, Jean Mirailhet, Pierre Villatte et organiser fêtes, jeux, rencontres de chevalerie et cérémonies religieuses, telle la procession de la Fête-Dieu, que la cité aixoise célébra jusqu'à la Révolution. Véritable protecteur des arts, il fut un roi qui appartenait déjà à la Renaissance.

Le rattachement de la Provence à la couronne de France, qui suivit de peu sa mort (1482), revient à son neveu et successeur, Charles III du Maine : par testament, celui-ci légua la province à Louis XI. Aix n'en conserva pas moins son importance et une certaine autonomie dont le parlement, institué par le roi Louis XII en 1501, se fit l'ardent

De même que, sur le chemin des Lauves, la maison qu'il fit construire en 1901. Enfin, l'étrange Château-Noir, près du Tholonet, où il aimait à peindre. ■

D'autres richesses encore

On ne saurait être exhaustif dans l'inventaire des hôtels particuliers que recèle la cité aixoise. Et le promeneur les découvrira au gré d'une flânerie : l'*hôtel de Simiane-Grignan,* acheté au XVIIIe par la petite-fille de Mme de Sévigné, à la très riche décoration intérieure; l'*hôtel de Caumont,* qui arbore une magnifique façade classique et un fastueux portail à carrosse; l'*hôtel de Boisgelin,* dont le salon carré à coupole évoque celui de Vaux-le-Vicomte;

▲ *Du haut de la cathédrale Saint-Sauveur, les toits de la vieille ville, patinés par les siècles.*

l'*hôtel de Carondelet,* où séjourna la marquise de Sévigné, et dont le salon Louis XV est l'un des plus beaux d'Aix;
l'*hôtel de Pierrefeu* (XVIIIe s.), dont les fenêtres s'ornent de mascarons sculptés et où, venu en cure à Aix en 1783 et 1784, l'archiduc Ferdinand d'Autriche séjourna;
l'*hôtel Peyroneti,* seul hôtel important du XVIe siècle, portant frise dorique et trophées sur sa façade;
l'*hôtel de Maliverny* (XVIIe s.), avec ses plafonds peints par Van Loo;
l'*hôtel de Grimaldi-Régusse,* édifié d'après les plans de Pierre Puget.

Et comme Aix-en-Provence est ville de musées, le visiteur ne manquera pas de faire une incursion dans les principaux :
le *musée des Beaux-Arts,* aussi appelé musée Granet, du nom du

L'hôtel d'Arbaud-Jouques, édifié sur le cours Mirabeau au Siècle des lumières,
▼ *est l'un des plus vastes d'Aix.*

défenseur. Guerres de Religion, opposition aux mesures de centralisation tentées par la monarchie, la ville traversa ensuite une longue période de troubles qui, pourtant, n'entrava pas sa croissance. Croissance qui, poursuivie au XVIIIe siècle, fut brutalement interrompue par la Révolution : Aix perdit alors ses privilèges et se trouva rejetée dans l'ombre de Marseille. On essaya néanmoins de maintenir son prestige en restaurant ses monuments et en créant des facultés. À l'heure actuelle, c'est largement à cette vocation culturelle qu'Aix-en-Provence doit son développement.

Sur les traces du passé

« Les ensembles sont plus nécessaires que les chefs-d'œuvre isolés : nécessaires, car ils participent à la vie humaine de chaque jour. Aix est un ensemble », a écrit l'architecte Fernand Pouillon. Ensemble érigé au cours de plusieurs siècles et, par là, composé de plusieurs styles : un noyau médiéval autour de la cathédrale et un autre quartier de même époque autour de la tour communale, ceinturé par les couvents des Augustins, des Prêcheurs, des Cordeliers; de-ci de-là, des touches Renaissance, inspirées par le maniérisme; ailleurs, la majestueuse sobriété d'un classicisme à la Mansart; plus loin, la marque de l'influence versaillaise; et, venu d'Italie, le goût du décor théâtral et du trompe-l'œil. Partout se manifeste le XVIIIe siècle, qui

fut la grande époque de l'architecture aixoise et qui, à la pierre dorée de Bibemus ou de Rognes, imposa ses fantaisies : ici, un baroque capricieux, là, une tendance au naturel; ici, l'influence du rococo, là l'expression imposante du style néoclassique. N'oublions pas, enfin le penchant du XIXe et du début de ce siècle pour les pastiches plus ou moins heureux.

Malgré cette abondance de factures différentes, sans unité apparente, il plane sur cet ensemble une atmosphère particulière et sur les vieilles pierres des nombreux hôtels particuliers (ils sont 143) se lit le souvenir de la splendeur passée. Peut-être l'harmonie naît-elle des jeux d'ombre et de lumière dont Aix a le secret, de cette verdure qui partout s'insinue, peut-être encore de la fraîcheur qu'apportent les fontaines, au coin des rues, dans les jardins, au cœur des places (on en compte 23 qui jasent sans fin).

En remontant le cours Mirabeau

« La plus jolie ville de France avec Paris » — telle la qualifiait le président De Brosses — n'a guère changé depuis que Michel Mazarin, archevêque d'Aix et frère du ministre de Louis XIV, fit disparaître remparts et fossés et que le parlement décida, en 1651, la création, à cet emplacement, d'un «cours à carrosses». Le même président De Brosses nous en parle comme du «plus bel endroit de la ville». Aujourd'hui, l'admirable cours Mirabeau, qui porte le nom de l'un des enfants les plus turbulents de la cité, en constitue toujours l'artère vitale, avec son cortège de fontaines, de demeures aristocratiques et de platanes séculaires.

Au carrefour des routes de Marseille et d'Avignon, la place de la Libération, aussi appelée «place de la Rotonde», peut servir de point de départ à la découverte du Cours. En son centre, le second Empire a élevé une monumentale fontaine (dite «de la Rotonde») qu'alimente depuis 1875 le canal du Verdon; cygnes, lions et dauphins l'ornent tandis que les statues allégoriques de la Justice, des Beaux-Arts et de l'Agriculture la surmontent. Dans sa perspective, s'étire le long ruban ombragé du cours Mirabeau.

D'un côté, celui-ci s'accompagne de boutiques, de cafés, de librairies, hauts lieux de l'animation aixoise, au milieu desquels on reconnaît quelques belles maisons d'un autre âge : l'hôtel des Princes (XVIIIe s.), jadis hôtel de voyageurs, qui accueillit le général Bonaparte revenant d'Égypte et le pape Pie VII, prisonnier en 1809; l'hôtel d'Arbaud-Jouques, l'un des plus vastes d'Aix, bâti vers 1700, à la façade décorée de pilastres doriques et ioniques et à l'harmonieux balcon cintré; l'hôtel d'Estienne d'Orves, malmené par l'installation de commerces; l'hôtel de Nibles; l'hôtel de Montauroux...

eintre aixois François-Marius
Granet (1775-1849), conservateur en
chef des Musées royaux. Installé
dans l'ancien prieuré de l'ordre de
Malte, qui jouxte l'église Saint-Jean-
de-Malte, il est devenu l'un des plus
beaux musées de province. On peut
y voir de nombreux primitifs, des
toiles flamandes et hollandaises, des
œuvres françaises du XVIᵉ siècle et
un important ensemble de toiles de
l'école provençale du XIXᵉ;

le *pavillon de Vendôme,* qui abrite le
musée Dobler. Décoré d'atlantes et
de frises, il dresse à l'intérieur d'un
parc son élégante silhouette,
surélevée au XVIIIᵉ siècle. Les
appartements qui, jadis, cachèrent
les amours de Louis de Mercœur,
duc de Vendôme, et de Lucrèce de
Forbin-Solliès, «la Belle du Canet»,
prêtent aujourd'hui leur cadre à des
expositions;

▲ *Sur une place du quartier Mazarin,
la fontaine des Quatre-Dauphins,
qui date du XVIIIᵉ siècle.*

le *musée Paul-Arbaud,* fondé par
l'érudit provençal du même nom,
qui, en 1911, légua à l'académie
d'Aix sa maison et ses collections.
Celles-ci se composent de
manuscrits et de livres rares, de
pièces d'orfèvrerie, de tableaux et,
surtout, de faïences anciennes (de
Moustiers pour la plupart). ■

Des antiques

À la différence d'Arles ou
d'Orange, Aix-en-Provence a
conservé peu de marques de
l'Antiquité. La plus intéressante est
sans conteste l'oppidum celto-ligure
d'*Entremont,* qui domine la ville au
nord. Les Romains le détruisirent,
anéantissant par là une civilisation
originale. Au XVIᵉ siècle, le duc

*Siège de divers instituts universitaires,
l'hôtel de Maynier d'Oppède,
de conception parfaitement classique.*

De l'autre côté du Cours, des banques, des confiseurs et aussi des
façades où affleure l'histoire. Au nº 2, le très classique hôtel de
Villars, bâti en 1710 : quatre colonnes portant des chapiteaux doriques
encadrent l'entrée et soutiennent un balcon ouvragé. De la même
époque date l'hôtel d'Isoard de Vauvenargues, auquel on donne aussi
le nom d'«Entrecasteaux» et qui affiche, au nº 10, de superbes
ferronneries du XVIIIᵉ ainsi que, sur la rue qui forme angle, de
gracieux pilastres ioniques; là, l'intérieur mérite visite pour ses
boiseries et ses gypseries. C'est au milieu du XVIIᵉ siècle que remonte
la construction de l'hôtel de Raousset-Boulbon (au nº 14); les
remaniements que subit sa façade lui ont cependant laissé une porte
Régence délicatement sculptée. Passant devant l'hôtel de Saint-Marc
(au nº 18), qui, édifié au XVIIᵉ siècle, fut, au XIXᵉ, l'un des principaux
rendez-vous du «Tout Aix» et conserve un mobilier remarquable, on
parvient devant l'une des merveilles du cours Mirabeau : l'hôtel de
Forbin. Cette demeure, élevée en 1656, reçut bien des hôtes illustres :
les petits-fils de Louis XIV, la princesse Pauline Borghèse, Fouché,
qui vint y cacher sa disgrâce, la duchesse de Berry; tous empruntèrent
l'escalier de pierre à balustrades et à colonnes qui, si élégamment,
conduit aux appartements. On s'attardera aussi au nº 38, devant
l'hôtel de Maurel de Pontevès, où séjourna, en 1660, la Grande
Mademoiselle, et qui abrite aujourd'hui le rectorat de l'académie
d'Aix-Marseille. Sur la façade classique, deux atlantes soutiennent un
balcon de fer joliment travaillé. L'intérieur recèle un admirable
escalier à rampe en fer forgé. Et, comme la plupart des hôtels aixois,
il ouvre sur un jardin rafraîchi par des fontaines. Enfin, à l'extrémité
du Cours et dans son axe, se trouve l'hôtel du Poët, construit en
1730 : ses trois étages, ses ouvertures ornées de mascarons, son
entrée encadrée de pilastres doriques et son balcon porté par des têtes
de lion forment un bel ensemble.

Autant que de ses hôtels, le cours Mirabeau s'enorgueillit de ses
fontaines, indissociables de sa perspective : fontaine des Neuf-
Canons où, autrefois, venaient se désaltérer les troupeaux sur le
chemin de la transhumance; fontaine d'eau chaude, dont l'eau,
provenant de la source thermale des Bagniers, coule à 18 ⁰C; et
surtout, en haut du Cours, fontaine du Roi-René (1819-1823), sculptée
par David d'Angers. Le roi tient son sceptre d'une main et, de l'autre,
une grappe de raisin muscat (au Bon Roi René revient, en effet,
l'introduction du raisin muscat en Provence).

Où revit le comté de Provence

En empruntant l'une des rues qui débouchent sur le côté nord du
Cours, on arrive dans l'ancien quartier du palais comtal. Là s'élevait

▲ *Dans le parc de Château-Bas,
les ruines d'un temple romain
et de la chapelle romane
Saint-Césaire.*

d'Épernon, gouverneur de la Provence, choisit d'y établir son camp. Une station militaire de radio vint plus tard y dresser ses pylônes. Néanmoins, les fouilles entreprises, au lendemain de la dernière guerre, ont permis de mettre au jour d'intéressants vestiges de la capitale salyenne. « Le premier exemple d'urbanisme en Gaule, à défaut de la métropole grecque de Marseille, trop ravagée par la reconstruction pour qu'il soit lisible »; c'est là, selon Fernand Benoit, toute l'importance d'Entremont. Sur ce plateau de 3,5 ha, protégé au sud par un escarpement rocheux et au nord par une enceinte de pierres sèches, bastionnée de tours aux angles et longue de presque 400 m, les Salyens avaient construit non pas un simple camp — qui leur permettait de commander les oppida voisins et les grandes voies de passage —, mais une véritable ville, avec des rues à angle droit, des maisons aux coins arrondis. Un plan des plus réguliers où affleure une certaine influence gréco-étrusque. Un mur intérieur partageait le plateau en deux zones une ville basse, qui communiquait avec le vallon en contrebas par un escalier dans le rocher et où vivaient, semble-t-il, le petit peuple les esclaves; une ville haute, accessible par une voie sacrée au flanc nord-ouest de l'éperon, surélevée de 2 m par rapport au quartier précédent, où se trouvait le sanctuaire et où résidaient sans doute notables et guerriers. Hors de restes d'habitations, des structures de remparts, des fondations d'un temple, ont été découverts nombre d'objets et, surtout, de curieux masques de pierre aux yeux mi-clos

la résidence des comtes souverains de Provence. Autour de la porte par laquelle la voie Aurélienne entrait dans la colonie romaine, s'était bâti un château médiéval, dont les comtes firent un palais. Après l'intégration de la province au royaume de France, celui-ci abrita les différents corps d'administration. Mais, sans doute, cet édifice déplut-il quelque peu disparate au XVIIIe siècle, fort soucieux de symétrie, car il fut démoli à sa place, et d'après les plans de l'architecte Claude Nicolas Ledoux, fut érigé le palais de justice actuel, imposante bâtisse néoclassique où l'on retrouve la marque de Ledoux, en particulier dans la vaste salle des pas perdus, cernée de colonnades.

Du palais de justice, il n'y a que quelques pas à faire pour gagner la place des Prêcheurs, dessinée au XIVe siècle. « Ceste place est le principal ornement de la ville; les plus grands seigneurs, barons, marquis et mesmes les princes qui font quelque séjour à Aix, qui ont esté et seront gouverneurs, ont accoustumé d'y faire leurs promenades [...]; les principaux citoyens et habitants s'y treuvent et rencontrent une foys de jour », lit-on dans un rapport des consuls d'Aix, daté de 1743. Les souvenirs ne manquent donc pas en ce lieu où bat le cœur de l'ancienne Provence. À l'ouest de la place, dans une rue étroite portant le curieux nom de « Rifle-Rafle », on peut encore voir la maison Dupérier, vieille de quatre siècles. Derrière ces fenêtres à croisées à meneaux mourut à l'âge de cinq ans la fille du conseiller François Dupérier, pour qui le poète Malherbe composa les stances fameuses : « Et rose, elle a vécu ce que vivent les roses... » Sur la place proprement dite, se peuvent admirer un bel hôtel du XVIIe siècle, l'hôtel d'Agut, à la porte magistrale flanquée d'un atlante et d'une caryatide soutenant un balcon, leurs bras mêlés à des volutes et des feuillages, et l'hôtel de Gras à la porte de noyer sculptée datant du XVIIIe. Quant à la fontaine des Prêcheurs, élevée en 1758, elle est surmontée d'un obélisque terminé par une sphère d'où un aigle s'apprête à s'envoler.

Sur la place des Prêcheurs se trouve l'église de la Madeleine, ancienne église d'un couvent de dominicains rebâtie dans les dernières années du XVIIIe siècle, qui a une façade moderne. L'intérêt de ce sanctuaire réside dans le chef-d'œuvre qu'il abrite : le célèbre retable de l'« Annonciation », peint en 1443-1445 pour la chapelle funéraire d'un drapier aixois par un auteur dont l'identité est controversée. Ce triptyque, dont l'église de la Madeleine ne détient que le volet central, a, par son caractère un peu étrange, suscité bien des commentaires. Il s'agit d'une œuvre d'inspiration religieuse, et, pourtant, elle comporte des figures inquiétantes : des chauves-souris, un petit singe satanique, et même des fleurs réputées maléfiques. Émile Henriot pensait que l'artiste, mal payé, voulut se venger du donateur en glissant dans son œuvre un certain « diabolisme ».

D'autres places, d'autres hôtels

À proximité du quartier du Palais et des Prêcheurs, d'autres merveilles sont à découvrir. Telle la place d'Albertas, avec sa fontaine du début de ce siècle. Dans l'hôtel de Boyer d'Éguilles (1675) est installé le muséum d'histoire naturelle : au fil de pièces richement décorées, sous des plafonds peints en trompe l'œil, sont exposées d'importantes collections de minéralogie, de conchyliologie et, surtout, de paléontologie. Tout près de là, l'hôtel d'Albertas porte en lui le charme du XVIIIe siècle : extrême simplicité extérieure (seules des consoles à mascarons agrémentent les ouvertures), recherche dans l'ornementation intérieure, jardin plein d'intimité et de fraîcheur.

Vers le nord, en suivant la rue Aude, on pénètre dans un nouveau quartier, celui de l'hôtel de ville. Autre place, autre atmosphère. Dans la décoration de l'hôtel de ville, bâti au XVIIe siècle et où l'on pénètre par de superbes grilles de fer forgé, se fait sentir l'influence du baroque italien. La partie droite abrite depuis 1810 l'une des plus considérables bibliothèques de France, la bibliothèque Méjanes que fonda Jean-Baptiste Piquet, marquis de Méjanes, premier consul d'Aix (1729-1786). Riche de 300 000 imprimés, de 1 600 manuscrits, de 400 incunables, elle abonde en ouvrages rares (*livres d'heures du roi René; Réflexions et Maximes,* de Vauvenargues).

On ne peut dissocier l'hôtel de ville du beffroi qui le jouxte : la tour de la Grande Horloge. Son assise romaine est tout ce qui reste de la porte d'accès au poste militaire de Sextius. À celle-ci succéda une porte de l'enceinte médiévale, qui, surélevée en 1510, devint l'élégante construction de style flamboyant que nous voyons aujourd'hui. Il ne lui manque rien : un gracieux campanile de ferronnerie (XVIe s.), une horloge horaire et une horloge astronomique, avec ses statues de bois représentant les saisons.

Sur cette place de l'hôtel de ville, ouverte en 1741, se trouve l'ancienne halle aux grains (XVIIIe s.), devenue hôtel des Postes et bibliothèque. Elle contribue à l'harmonie architecturale de l'ensemble, avec son fronton triangulaire où se détache, en ronde bosse, une allégorie figurant la Provence.

En empruntant la rue Gaston-de-Saporta, on découvrira encore de prestigieux hôtels, auxquels collaborèrent les plus grands artistes. Ainsi, la façade de l'hôtel d'Estienne de Saint-Jean, qu'occupe depuis 1933 le musée du Vieil-Aix, serait l'œuvre de Pierre Puget, et son boudoir, celle de Jean Daret. Plus loin, l'hôtel de Châteaurenard, où séjourna en 1660 Louis XIV, est célèbre par les peintures en trompe l'œil de son escalier, exécutées par Jean Daret et qui valurent à son auteur d'être nommé peintre du roi. La décoration murale est aussi ce qui fait de l'hôtel de Boyer de Fonscolombe l'une des demeures les plus fastueuses d'Aix.

ui ne sont pas sans évoquer les
asques des tombes mycéniennes.
outes ces pièces sont visibles au
usée Granet.

Cette envoûtante promenade dans
passé pourra se poursuivre dans
s environs d'Aix. À *Éguilles*, on a
etrouvé des traces d'un oppidum
elto-ligure (au lieu précis de
erredon) et des vestiges d'un
queduc romain qui alimentait Aix.
uis, à quelques kilomètres de
ambesc, dans le domaine de
hâteau-Bas, ont été mis au jour
es restes d'un sanctuaire romain
u Ier siècle. ■

ers la mer

Les paysages au sud-ouest et au
ud d'Aix-en-Provence n'ont rien à
nvier aux beautés de la Sainte-
ictoire. Ainsi les abords de la

▲ *Avec pour toile de fond
la montagne Sainte-Victoire,
la nappe tranquille de Réaltor.*

chaîne de Vitrolles, arrosés par le
cours capricieux de l'Arc, ont du
charme, et l'histoire y a sa place.
Non loin du village des Milles, au
milieu de la plaine, le *château de
Lenfant* évoque le siècle des
lumières; dans son parc, des
fontaines et statues de Chastel. À
3 km de là, le *château de Saint-Pons*
reçut Malherbe, tandis que dans la
maison Renaissance du hameau
mourut le comte de Grignan, gendre
de Mme de Sévigné.

Mais il est évident que la grande
attraction de cette région est
l'étonnant *aqueduc de Roquefavour*,
dont l'architecture monumentale et
la pureté des lignes admettent
parfaitement la comparaison avec
des ouvrages romains aussi
prestigieux que le pont du Gard. Il
ne fut pourtant construit qu'au
XIXe siècle (1842-1847), par

→

*La statue de saint Pierre
et les fines colonnettes jumelées
du cloître Saint-Sauveur.*

Le « Buisson ardent »

Presque au bout de la rue Gaston-de-Saporta, s'ouvre la place de
Archevêché (ou « des Martyrs-de-la-Résistance »), âgée de deux
ècles. Une fontaine du XVIIe siècle, adossée à un mur romain, la

fontaine Espelugue, la décore. Nous sommes au cœur du vieux bourg
Saint-Sauveur. Là s'élève l'ancien palais archiépiscopal, que les
Aixois nomment « Archevêché » bien qu'il abrite depuis le début du
siècle le musée des Tapisseries. Édifié en 1338, ce palais fut rebâti au
XVIIe siècle et agrandi au XVIIIe. Sa vaste cour prête chaque année son
cadre au Festival international d'art lyrique et de musique. L'éclat
incontestable de cette manifestation éclipse un peu la valeur
inestimable de la collection de tapisseries, une des plus belles de
France, que conserve le musée. Celles-ci se répartissent en trois
groupes : les six panneaux des grotesques (cartons de Bérain), qui
représentent les personnages de la Comédie-Italienne; les neuf pièces
de Beauvais consacrées à l'épopée de Don Quichotte (cartons de
Charles Natoire, XVIIIe s.); quatre des dix tapisseries de Beauvais
figurant les Jeux russiens (cartons de Jean-Baptiste Le Prince,
XVIIIe s.).

Sur la place de l'Université, la cathédrale Saint-Sauveur cache
d'autres merveilles. « Cathédrale laide et irrégulière », disait d'elle le
président De Brosses en 1739. Manque d'unité, certes : toutes les
époques, de Constantin à Louis XIV, y sont représentées. Mais de la
diversité des styles naît une certaine beauté. En avancée sur la façade
romane, la façade principale, gothique, est ornée d'arcatures et de
pinacles. Domine l'ensemble un clocher octogonal du XVe siècle,
couronné au siècle dernier. L'intérieur comporte une nef en berceau
brisé, du XIIe siècle, et une nef gothique (1300-1473), longue de 74 m,
sur laquelle s'ouvrent des chapelles, réunies pour former une autre
nef à la fin du XVIIe siècle. Complètent cette cathédrale un baptistère
que l'on date de l'époque de la fondation de l'évêché d'Aix (IVe-Ve s.)
et un cloître de la fin du XIIe siècle, qui rappelle celui de Saint-
Trophime d'Arles.

Ce baptistère, coiffé d'une coupole Renaissance, comporte une
cuve baptismale octogonale placée au milieu de huit colonnes à
chapiteaux corinthiens qui proviendraient du temple d'Apollon bâti à
cet emplacement; deux sont de granite, six de marbre vert. Quant au
cloître, abrité par une couverture à plafond, la légèreté de son
architecture, la finesse et la variété de la décoration, l'élégance des
colonnettes jumelées qui bordent ses galeries en font un véritable
joyau.

Mais là ne s'arrête pas l'inventaire des trésors de cette église,
véritable musée. En effet, on peut admirer le sarcophage de saint
Mitre (fin IVe - début Ve s.), les tapisseries flamandes tissées en 1511
pour la cathédrale de Cantorbéry et retraçant la vie de la Vierge et
celle du Christ, les portes sculptées en 1508-1510 par Jean Guiramand
et, surtout, le retable du *Buisson ardent*, commandé par le roi René à
l'artiste avignonnais Nicolas Froment en l'an 1475. Ce triptyque, de
4 m de largeur sur 2 m de haut, représente le roi et la reine (Jeanne de

l'ingénieur François de Montriche. Destiné à mener jusqu'à Marseille les eaux de la Durance, long de 375 m, il enjambe l'Arc à 82,65 m de hauteur, avec ses 12 arches de base surmontées de 15 arcades. L'étage supérieur est formé par 53 petites ouvertures cintrées de 5 m de largeur.

Un peu plus au sud, d'autres choses à voir : le *réservoir de Réaltor*, sur le canal de Marseille, avec son miroir bleuté, le village de *Vitrolles*, groupé autour de sa chapelle perchée sur un roc et dominant l'étang de Berre. En progressant vers l'est, on trouve *Cabriès*, petit village perché avec enceinte et château. La masse blanche de la chaîne de l'Étoile, toute proche, domine Marseille, qu'elle abrite. Au pied de la montagne, d'innombrables villages :

▲ *Au bord de l'étang de Berre, Vitrolles et son rocher fortifié, sur lequel s'élèvent une tour sarrasine et une chapelle.*

Au flanc sud de la Sainte-Victoire, sur un minuscule replat rocheux, se niche, à l'ombre des chênes verts,
▼ *l'ermitage de Saint-Ser.*

Mimet, en balcon sur un promontoire, *Saint-Savournin, la Bouilladisse,* et surtout la cité de *Gardanne,* à laquelle les activités industrielles donnent un nouveau visage. Elle n'oublie pas pour autant que Cézanne aima peindre ses toits et ses maisons. Avec, dans le ciel, ▌ crête de l'Étoile, étrangement sculptée par l'érosion.

Salon et alentour

À l'ouest d'Aix, aux confins de la plaine de la Crau et au pied des dernières vagues des massifs provençaux, la petite ville de *Salon de-Provence* mérite quelque intérêt. Carrefour sur la route du sel, elle devint à l'époque romaine l'un des jalons de la voie Aurélienne. À l'heure actuelle, elle est connue par

Laval) en prière, tandis que sur le volet central est peint l'épisode biblique du buisson ardent, symbolisant ici la virginité de Marie.

« Sainte-Victoire d'Aix... illumine notre histoire » (Mistral)

Vieux hôtels et fontaines firent parfois comparer Aix à Florence. De même, certains voient une ressemblance entre la campagne environnante et la Toscane. Pour d'autres, ces horizons, presque familiers tant ils sont liés à la cité, évoquent la Grèce. Mais la Provence a son charme propre, contenu dans ces paysages qui entourent Aix et dont le Provençal Joseph d'Arbaud a bien parlé : « Rien de désordonné, de heurté, nulle âpreté et non plus nulle mollesse sur ces versants qui se haussent vers la lumière par courbes nerveuses et douces : frontons de la chaîne de l'Étoile et de la Sainte-Baume, Olympe de Trets, et là, cœur de la campagne aixoise, temple et autel, esprit et roc; Sainte-Victoire. Transparente et gonflée d'éther, animée d'aurore, embrasée de soleil couchant ou présidant l'orage avec son chapeau de brume, elle est comme une âme visible, une face vivante où se reflètent les nuances du temps et de la saison. Sa présence crée dans le paysage une véritable incantation. L'œil s'y rassure... »

Farouche d'allure, la montagne Sainte-Victoire — dont on a souvent dit qu'elle était « le plus beau monument d'Aix » — a très tôt été enveloppée de merveilleux. Aujourd'hui ce grand pli de calcaire de Provence s'offre comme un intéressant but de promenade, tout en restant une oasis de beauté et de silence que protège la « Société des amis de Sainte-Victoire ». C'est une longue crête de 7 km qui culmine à 1 011 m, au pic des Mouches. Au nord, la pente est relativement douce vers la vallée de Vauvenargues, parée de landes broussailleuses et de pins d'Alep, de pins sylvestres et de chênes blancs. Au sud l'abrupt est presque vertical, dominant de près de 500 m le plateau du Cengle et la vallée de l'Arc, et attirant de plus en plus les adeptes de l'escalade. À la merci de vents violents, d'une sécheresse impitoyable, la montagne Sainte-Victoire ne porte pas une végétation très riche et, de ce fait, sa faune diminue considérablement, la chasse ayant, elle aussi, joué un rôle dans cette lente disparition.

On pourrait croire que cette « montagne » doit son nom à la victoire mémorable de Marius sur les Cimbres et les Teutons. En fait, originellement, elle s'appelait Mons Ventour, c'est-à-dire « venteux » comme son frère le Ventoux, un autre « géant » presque voisin; par fantaisie des érudits du XVIIe siècle, elle prit son appellation actuelle.

Pour tout visiteur de la campagne aixoise, c'est une obligation sacrée d'entreprendre l'ascension du sommet occidental. On peu

▲ *Les vieilles maisons de Lambesc se serrent autour de l'église et de son clocher fortifié.*

sa base aérienne et l'École nationale de l'air, centre de formation des officiers de la Patrouille de France.

On oublie trop souvent que la cité eut son heure de gloire à la Renaissance, lorsque Michel de Nostre-Dame, dit « Nostradamus » (1503-1566), alors médecin dans cette ville, attira à elle beaucoup de personnages illustres. Une rue porte le nom du mage; la maison où il vécut les vingt dernières années de sa vie a été conservée; ses restes reposent dans la collégiale Saint-Laurent (XIVe s.), du plus pur style gothique provençal. Mais on trouve d'autres traces du passé dans le vieux Salon. Il suffit d'y flâner en prenant pour point de départ la porte de l'Horloge (XVIIe s.), dont la tour est surmontée d'un campanile en fer forgé. Des vestiges d'une enceinte médiévale, d'étroites ruelles, le

portail Renaissance de l'hôtel des Lamanon, l'église Saint-Michel de style romano-ogival (début du XIIIe s.) s'ordonnent en un ensemble plein de charme, autour du château de l'Emperi, assis sur le rocher du Puech. C'est une des plus grandes forteresses de Provence, édifiée aux Xe-XIIIe siècles, agrandie au XVIe, qui, autrefois, veillait sur la ville et la Crau. Aujourd'hui, dans sa cour d'honneur Renaissance, bordée par une gracieuse galerie couverte, se déroule, l'été, le festival de Salon. Et ses murs abritent un musée d'art et d'histoire militaires.

Autour de Salon-de-Provence, les buts d'excursions sont multiples. *Lançon-Provence* dresse au faîte d'une butte calcaire sa silhouette d'un autre âge; son château, de plan elliptique, protégé de tours carrées et rondes, remonte au XIIe siècle; le →

Dans les environs d'Aix, le château de Saint-Marc-Jaumegarde, ▼ *datant de la Renaissance.*

suivre le « chemin des Venturiers », qu'empruntent depuis des siècles les pèlerins de la procession de Pertuis (le dernier dimanche d'avril), ou le « sentier du barrage », dit aussi « sentier de l'Ubac », au fil duquel on a de beaux aperçus sur le plan d'eau du barrage Zola. Chênes verts, pins, houx, buis, genévriers accompagnent la promenade. Du sommet (945 m), où est érigée une immense croix, on découvre toute la Provence, les Alpilles, l'étang de Berre, le Ventoux, le Luberon, les Alpes du Sud, l'Esterel, les Maures, la Sainte-Baume,

Aix, les barrages artificiels. Et, au pied de ce belvédère incomparable, appuyés à la paroi rocheuse, apparaissent les vestiges du prieuré de Sainte-Victoire, élevé, au XVIIe siècle, à l'emplacement d'un ermitage qui se trouvait là depuis le Moyen Âge. Légèrement à l'est de la croix, s'ouvre le célèbre Garagaï, un des gouffres les plus vastes de Provence, qui a donné naissance à bien des légendes; on peut pénétrer sans crainte par le large porche : au bout du tunnel, une plate-forme s'ouvre sur le paysage; la vue est fort belle.

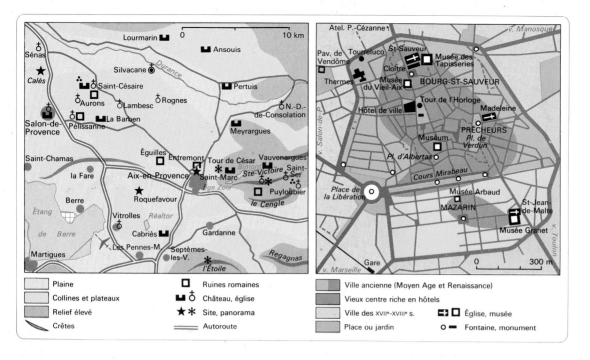

Plaine	Ruines romaines
Collines et plateaux	Château, église
Relief élevé	Site, panorama
Crêtes	Autoroute

Ville ancienne (Moyen Âge et Renaissance)	
Vieux centre riche en hôtels	
Ville des XVIIe-XVIIIe s.	Église, musée
Place ou jardin	Fontaine, monument

XVIe le renforça. Au nord de là, *Pélissanne* joint à son beffroi du XVIIe siècle un intéressant vestige de l'occupation romaine : un mausolée (ou « mur de Marius ») du Ier siècle de notre ère. Plus à l'est, voici le *château de La Barben,* juché sur une éminence dans la vallée de la Touloubre, au milieu de la verdure. Rien en lui n'évoque la féodalité. Pourtant, il fut bâti au XIIe. Mais les siècles suivants l'ouvrirent sur l'extérieur et en firent une aimable demeure de plaisance. Suivant la même route, on arrive bientôt à *Saint-Cannat,* terre natale du célèbre bailli de Suffren (sa maison héberge la mairie et un petit musée). Quant à *Lambesc,* que l'on gagne en remontant vers le nord, elle est fière de ses hôtels du XVIIe, qui rappellent Aix, et de son beffroi de la même époque.

Dominant la Touloubre,
l'imposant château de La Barben
maintes fois transformé
▼ *depuis le Moyen Âge.*

De Cézanne à Picasso

Le nom de Cézanne est inséparable de celui de la Sainte-Victoire, ce qui nous vaut une pittoresque « route Cézanne », menant au village de Puyloubier, l'antique Podium Luparium (la terrible montagne des loups), et un « refuge Paul-Cézanne », construit près de l'ermitage en ruine du Trou. Cette route, au pied de la Sainte-Victoire, serpente sur le plateau du Cengle, socle elliptique qui prolonge la montagne vers le sud, à environ 550 m d'altitude, zone aride sauf aux abords du Bayon, qui lui apporte verdure et fraîcheur.

Cette table calcaire de 1 300 ha dominait jadis des marais, dont on dit que les Templiers les asséchèrent afin d'y implanter l'une de leurs premières commanderies de Provence. On trouve encore, au fronton de la porte de la ferme du Bayle, la croix pattée des Templiers.

La « route Cézanne », au long de laquelle aimait à se promener Frédéric Mistral, alors étudiant à Aix, est jalonnée de lieux historiques. Au *Tholonet,* où vécut le peintre André Masson, un vaste parc abrite le château (XVIIIe s.), fief de la famille des Gallifet : « Un charmant vallon où il y a de grands arbres », disait Stendhal de cet endroit. Plus loin, à l'écart de la route vers le sud, *Beaurecueil* s'appuie au revers du Cengle; plus que de son château, le village est surtout fier du riche gisement qui a été mis au jour en 1952 dans sa commune : des milliers d'œufs de dinosaures et d'oiseaux fossiles, découverte exceptionnelle pour la paléontologie. En contrebas de la Sainte-Victoire, *Saint-Antonin-sur-Bayon* dresse, dans un paysage de prairies et de boqueteaux, un château médiéval que remania le XVIIIe siècle. Un beau parc l'entoure, que rafraîchissent les cascatelles du Bayon. À proximité de là sont les restes de l'oppidum celto-ligure d'*Untinos,* qui dominait Saint-Antonin et le plateau du Cengle et dont le destin s'arrêta en même temps que celui d'Entremont.

Poursuivant la route, et la quittant vers le nord, presque à hauteur du pic des Mouches, on se recueille dans la modeste chapelle de l'ermitage de Saint-Ser, élevée sur un replat à 609 m d'altitude : c'est un nid d'aigle où se retira, au Ve siècle, Ser (ou Serf), que les Wisigoths martyrisèrent et dont on célèbre le culte dans la vallée de l'Arc.

Au nord de la route Cézanne et contournant la montagne Sainte-Victoire, c'est le domaine de l'eau. Ici, « l'aigo es d'or » (l'eau, c'est de l'or), et pareille abondance, au milieu des horizons de la garrigue, a tout pour surprendre. Ce n'est plus Cézanne que l'on évoque, mais le romancier Émile Zola, qui passa son enfance dans la cité provençale. En 1843, son père, l'ingénieur d'origine italienne François Zola, entreprit sur l'Infernet la construction du barrage qui porte son nom — le premier barrage voûté, achevé après sa mort en 1854 — et dont les 1 500 000 m³ d'eau étaient destinés à alimenter la ville d'Aix. En amont, un siècle plus tard, l'ingénieur Coyne barra la

Cose (souvent désignée par le nom impropre d'« Infernet », qui concerne la gorge enserrée entre les deux barrages) d'un ouvrage de 86,50 m de hauteur et de type « voûte », comme le barrage de Marèges. Quarante millions de mètres cubes s'étalent au pied de la Sainte-Victoire en un lac d'émeraude, aux contours déchiquetés, de plus de 4 km de longueur, « miroir de la Sainte-Victoire » remontant presque jusqu'aux portes de Vauvenargues.

Un peu à l'ouest de cette nappe tranquille, *Saint-Marc-Jaumegarde* vaut le détour pour son massif château du XVIe siècle, pour sa fontaine monumentale du XVIIIe, très aixoise dans sa conception, ainsi que pour la tour médiévale de Queirié, qui permettait de surveiller les alentours d'Aix et d'avertir la ville en cas d'invasion.

Vauvenargues, bâtie au bord de la vallée de la Cose, est surtout célèbre par son château, assis au sommet d'un mamelon. C'est une bâtisse classique, flanquée à l'ouest de grosses tours rondes encadrant une belle entrée Louis XIII et bordée d'une enceinte du début du XIVe siècle. On retrouve à Vauvenargues des traces du passage des Romains : la salle dite « le Réduit », à l'est de la bâtisse, aurait appartenu à un fort antique. La seigneurie de Vauvenargues, élevée au rang de marquisat par Louis XV, revint à la famille de Clapiers, et Luc de Clapiers-Vauvenargues, le célèbre moraliste, vécut dans ce château de 1715 à 1747. Deux siècles plus tard, en 1958, Pablo Picasso s'en rendit acquéreur (plusieurs pièces sont décorées de la main du maître), et l'artiste y fut enterré en avril 1973.

les villages de Provence

▲ *Adopté par
une colonie d'artistes,
Oppède-le-Vieux
renaît lentement
de ses ruines.*

*Les maisons de Roussillon ▶
ont les chaudes
couleurs des ocres
sur lesquelles
le village est bâti.*

$\mathcal{A}$*u nord de la Provence,
entre Luberon et Ventoux,
chacun des pitons
qui dominent le fertile
comtat Venaissin
est couronné d'un village
dont le prudent isolement
et les restes
de fortifications témoignent
de longs siècles d'agressions
et de pillages.*

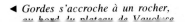

◀ *Gordes s'accroche à un rocher,*

▲ Le vieux beffroi de Lacoste
surveille toujours Bonnieux,
à laquelle l'opposa
une longue rivalité.

Une citadelle huguenote : ▶
le château de Ménerbes,
perché sur un promontoire
du Luberon.

Après les Barbares,
les Sarrasins, les bandes armées
et les grandes compagnies,
la tornade des luttes religieuses
s'abattit sur les villages perchés,
et leurs remparts servirent
de protection aux hérétiques,
vaudois ou huguenots.

Aujourd'hui, le tumulte des combats s'est éteint,
les châteaux se sont écroulés,
les portes fortifiées ont perdu herse et pont-levis,
des fleurs poussent dans les interstices des vieux murs
des villages de Provence.

C'est sur un éperon des Alpilles
que les fastueux seigneurs des Baux,
qui prétendaient descendre
du roi mage Balthazar,
édifièrent la place forte
la plus puissante de Provence.
Démantelée par Louis XI,
rasée par Louis XIII,
ce n'est plus qu'une ruine grandiose,
mais qui revit — trop? —
pour et par ses visiteurs.

◄ Aussi hiératiques
que leur socle
de pierre,
les vestiges
du château
des Baux.

Dans le village
des Baux-de-Provence,
une venelle étroite
mais bien vivante,
la rue des Fours,
▼ monte à la ville morte.

Derrière
les champs
de lavande
du plateau d'Albion,
la masse enneigée
du mont Ventoux.

▲ *Les maisons
de Saumane-de-Vaucluse
s'étagent au-dessus
d'un ravin.*

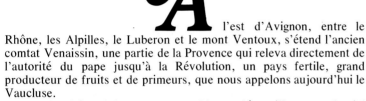

*Postée en sentinelle
au sommet d'un rocher,
la petite église
▼ de Saignon.*

A l'est d'Avignon, entre le Rhône, les Alpilles, le Luberon et le mont Ventoux, s'étend l'ancien comtat Venaissin, une partie de la Provence qui releva directement de l'autorité du pape jusqu'à la Révolution, un pays fertile, grand producteur de fruits et de primeurs, que nous appelons aujourd'hui le Vaucluse.

Dans la plaine, les mas roses ou blancs s'éparpillent sous le ciel bleu, au milieu des champs coupés de rangées de cyprès et d'écrans de cannisses pour freiner un peu l'ardeur du mistral qui dévale au grand galop la vallée du Rhône.

Sur les coteaux, dont les vignes disputent les pentes aux buis et aux chênes, de vieux villages perchés, couronnés d'un château en ruine et parfois ceints encore de remparts, semblent monter la garde. Avec leurs ruelles tortueuses, coupées d'escaliers, avec leurs placettes et leurs fontaines, avec leurs passages couverts et leurs hautes maisons étroites que l'on distingue à peine de la colline parce qu'elles sont faites de la même pierre, ils rappellent le Moyen Âge. Leur isolement témoigne de longs siècles d'agressions et de périls, quand Barbares, Sarrasins, bandes armées et grandes compagnies mettaient le pays en coupe réglée. Leurs murs, imposants comme des falaises, racontent qu'ils furent un lieu de refuge pour les hommes et suggèrent qu'ils pourraient bien les protéger encore.

Ces nids d'aigle n'ont pas tous une basilique romane ou un donjon altier à exhiber, mais tous possèdent des trésors. Ici, chaque pierre a son langage. Le visiteur ne le perçoit pas toujours d'emblée. Il lui faut prendre du temps, bavarder avec les habitants, partager le pastis en s'attardant à une terrasse, s'asseoir sur les dalles entourant le platane ou l'ormeau, suivre les discussions passionnées des joueurs de pétanque. Et, avant tout, abandonner sa voiture pour gravir à pied le chemin qu'empruntaient autrefois les pillards...

Le Luberon, tombeau des vaudois

Au sud du Vaucluse, la montagne du Luberon dresse sa barrière d'ouest en est sur 65 km, de Cavaillon à Manosque. Une barrière qui serait presque infranchissable si elle n'était coupée en deux par la combe de Lourmarin : à l'ouest, le Petit Luberon et sa forêt de cèdres, créée à titre expérimental en 1862 et maintenant pleine de vigueur ; à l'est, le Grand Luberon, qui culmine à 1 125 m et où, sur la rocaille laiteuse des cimes, poussent bouquets de plantes odorantes et rares touffes d'herbe. Au sommet, une ligne de crête étroite, rectiligne ou presque. Au sud, la montagne descend vers la Durance par une succession de pentes fertiles. Le versant nord, abrupt, raviné, auquel s'accrochent des villages serrés, domine la plaine d'Apt où

serpente une rivière qui trompe son monde en s'appelant parfois Coulon et parfois Calavon. Partout le calme, le silence, la solitude. Un petit pays naguère préservé, mais déjà à la mode, ce qui justifie pleinement la création d'un parc naturel régional. On en parle depuis longtemps, mais ce n'est encore qu'un projet.

Ce décor serein vit se dérouler bien des drames, dont un particulièrement sanglant : l'extermination des vaudois en 1545. Les vaudois étaient des hérétiques assez voisins des cathares du Languedoc. À la fin du XIIe siècle, un marchand lyonnais, Pierre Valdo, avait prêché le retour aux sources en rejetant une bonne partie des rites catholiques. Excommuniés, ses disciples avaient essaimé notamment vers l'Italie. À la suite d'achats de terres effectués par des nobles piémontais, certains de leurs descendants vinrent s'établir dans le Luberon. Le comtat Venaissin, fief pontifical, pouvait difficilement tolérer le voisinage de ces hérétiques. En 1540, la protection de François Ier leur évita de justesse les persécutions. Quelques années

L'ail, les herbes et les olives

Parlant de la cuisine provençale, Henri Bosco, chantre du Luberon, affirmait : « On croit que la cuisine provençale, c'est beaucoup d'ail et beaucoup d'herbes très parfumées. Non! Il ne faut qu'une herbe, la bonne, pour le bon plat. Sans oublier qu'elle est digestive (utile) autant qu'odorante (agréable). Quant à l'ail, on en mange davantage dans le Nord — et du fort! — qu'en Provence. »

Pourtant, c'est une soupe à l'ail que l'on sert aux malades des lendemains de fête : de l'ail écrasé, bouilli, que l'on verse sur des tranches de pain arrosées d'huile d'olive. On met une branche de laurier dans l'eau de cuisson, mais plus souvent de la sauge, bénéfique, car, selon le proverbe, « qui a de la

sauge dans son jardin n'a pas besoin de médecin ». Frédéric Mistral, dans son « Trésor du félibrige », conseillait d'y ajouter de la noix de muscade râpée.

L'auteur de « Mireille » s'est aussi intéressé aux herbes de Provence et a dressé une longue liste des salades sauvages, de la chicorée au salsifis des prés. La salade servait autrefois, dans le comtat Venaissin, d'entrée au repas du soir; la soupe était servie à midi.

Une spécialité de Lacoste : les olives cassées. On leur donne un petit coup de marteau, de façon à les ouvrir sans les écraser, puis on les laisse macérer une semaine dans l'eau pure, en changeant l'eau tous les jours. On les met ensuite dans l'eau salée, avec du laurier, du fenouil, un zeste d'orange et une graine de coriandre. Elles prennent

▲ *Surnommée « thé de France »,*
la sauge officinale,
plante de la garrigue provençale,
a des vertus toniques.

lus tard, le baron d'Oppède devint président du parlement d'Aix : souhaitant agrandir ses terres à bon compte, il profita de ses pouvoirs pour faire raser les villages vaudois et massacrer leurs habitants. Deux mille personnes périrent, 600 hommes furent envoyés aux galères. Les rares survivants réussirent à gagner le Piémont, où ils firent souche dans les « vallées Vaudoises » : leurs descendants y sont 2 000 environ.

Apt au pied du Luberon

Au pied du Luberon, dans un amphithéâtre de collines que barrent les murettes de pierres sèches retenant les cultures, Apt coule des jours paisibles au bord du Coulon, à l'ombre de ses vigoureux platanes. C'est pourtant une ville active. Capitale des confitures, des fruits confits et de l'ocre depuis des siècles, elle vend aussi de la

lavande et des truffes, et fait vivre toute la région. *Apta Julia* à l'époque romaine, christianisée dès le IIIe siècle, évêché jusqu'en 1810, elle a troqué ses remparts contre une ceinture de boulevards, ne conservant de ses défenses qu'un beffroi, une tour et une porte fortifiée. La rue commerçante, étroite et sinueuse, qui la traverse de part en part passe sous le porche du principal monument de la ville, l'ancienne cathédrale Sainte-Anne. Construite au XIe siècle sur deux cryptes superposées (romane et préromane), celle-ci doit sa dédicace à une relique, le « voile de sainte Anne », qui aurait été rapporté de Palestine par un pèlerin, caché par Auspice, premier évêque d'Apt, et miraculeusement retrouvé en présence de Charlemagne, le jour de Pâques 776. Il semble, en fait, qu'il s'agisse d'un étendard musulman du XIe siècle, offert par un calife fatimide à des croisés aptésiens. L'église, assez remaniée, a conservé de l'époque romane sa coupole centrale et son bas-côté sud. Dans le bas-côté nord, la chapelle Sainte-Anne, qui abrite un grand buste-reliquaire de la sainte, fut construite en 1660, l'année où Anne d'Autriche vint en pèlerinage à Apt; c'est pourquoi on l'appelle aussi « chapelle royale ».

Apt est un excellent centre d'excursions sur le versant nord du Luberon. L'une des plus belles conduit au cœur de la montagne par une pittoresque route en lacet qui s'élève de point de vue en point de vue. Dans le ravin de l'Aiguebrun, près du hameau de Buoux, une énorme falaise verticale porte les ruines d'une citadelle connue sous le nom de *fort de Buoux*. Le sentier qui y conduit est taillé à même le roc. Au sommet, après une terrasse couverte d'herbe rase, dominant de plusieurs centaines de mètres une gorge étroite, un petit bois de chênes verts dissimule les vestiges d'un village et d'un château fort. Dans ce site grandiose, on découvre des remparts, une chapelle, des caves, des citernes, des ouvrages de défense, la base d'un donjon accroché en plein ciel au-dessus du moutonnement des croupes boisées. Occupée par les protestants, la forteresse fut démantelée par Louis XIV.

Non loin de là, un campanile roman pointe comme un phare au-dessus du maquis, dans une solitude complète : c'est tout ce qui reste du *prieuré de Saint-Symphorien*, qui dépendait de l'abbaye marseillaise de Saint-Victor.

La parade des villages perchés

Une série de vieux villages se cramponnent aux promontoires du Luberon, sur les pentes boisées, entrecoupées de vignobles et de champs de lavande, qui dominent la vallée du Coulon.

À l'est d'Apt, dans le Grand Luberon, *Saignon* est si proche qu'elle fait presque partie de la banlieue aptésienne. Ses quelques maisons

▲ *Aujourd'hui désaffectée,
la vieille église de Bonnieux
a huit siècles d'existence.*

ainsi un petit goût amer très plaisant. Le classement de l'orange parmi les aromates, fréquent dans les recettes provençales, date du Moyen Âge, où l'on utilisait la « bigarade », orange amère que l'on ne trouve plus sur les marchés. ■

Les « dentelles » de Montmirail

À l'ouest du Ventoux, dont il semble être un dernier contrefort isolé, surgit de la plaine du comtat Venaissin un curieux massif qui, bien que culminant à 734 m, a un aspect réellement montagneux. Ses crêtes calcaires, d'un blanc éblouissant, se découpent en dents de scie, en arêtes et en aiguilles, et l'érosion les a si finement ciselées qu'on les a appelées les *dentelles de Montmirail*. À quelques kilomètres de l'animation de la vallée du Rhône et de l'autoroute du Soleil, c'est une oasis de paix et de silence.

Des falaises verticales — dont certaines ont près de 100 m de hauteur — pour distraire les amateurs de varappe, une flore très particulière pour attirer les botanistes, de multiples excursions pour séduire les bons marcheurs, de panoramas splendides, des pins, des chênes verts, des genêts : le massif recèle bien des richesses pour qui se donne la peine de le pénétrer.

Au pied, la vigne est reine. *Gigondas*, qui produit un vin rouge musclé et fruité, n'occupe plus qu'une faible partie de son enceinte médiévale. La ville haute tombe en ruine et s'enfouit lentement sous la végétation, comme les vestiges du

sont massées autour d'un énorme piton rocheux, feuilleté comme un gâteau, auquel s'agrippent des lambeaux de fortifications. La petite église est romane, mais il faut y pénétrer pour s'en rendre compte, car la façade est du XVIᵉ siècle et l'extérieur a été rhabillé au XVIIᵉ.

Vers l'ouest, dans le Petit Luberon, quatre villages se surveillent depuis des siècles, d'un éperon à l'autre. Le plus proche d'Apt, *Bonnieux*, est aussi le plus peuplé. Au fil des années, il s'est évadé de ses remparts, il a pris de l'ampleur. Pour en apprécier le charme, il faut gravir les trois étages qui, par d'agrestes et nombreux escaliers, mènent au belvédère. La construction concentrique des murailles, la raideur des ruelles pentues, les terrasses en gradins font penser à une tour de Babel issue de l'imagerie populaire. Au sommet de la colline, une vieille église, mi-romane, mi-gothique, monte la garde au pied d'un calvaire d'où l'on découvre tout le bassin d'Apt jusqu'au plateau de Vaucluse, avec le Ventoux en toile de fond.

En face de Bonnieux, *Lacoste* est perchée sur une butte. Si les deux bourgades furent jadis rivales, au point que les vaudois de Lacoste enlevèrent le viguier et les consuls catholiques de Bonnieux pour en tirer rançon, Lacoste paraît aujourd'hui tourner au ralenti. Les rues sont désertes, beaucoup de maisons sont inhabitées, des touffes de giroflées s'insinuent entre les pierres, et la voix fêlée de la cloche, que quatre colonnes de guingois et un fragile campanile de fer forgé hissent au sommet d'une tourelle carrée, ne suffit pas à mettre de l'animation.

Peut-être parce qu'elle vécut jadis trop intensément, Lacoste semble hantée par le souvenir de son dernier seigneur, Donatien Alphonse François de Sade, le « divin marquis ». Celui-ci s'était réfugié dans son château familial en 1771, après les quelques ennuis que lui avait valus, à Paris, une séance de flagellation. Il y séjourna jusqu'en 1778 (avec quelques escapades vers Marseille ou l'Italie) sans faillir à sa réputation, comme en témoigne une lettre adressée à son homme d'affaires : « Vos dames d'Apt sont charmantes; elles ont publié à Avignon que j'étais depuis le matin jusqu'au soir à courir toutes les villes des environs et que j'effrayais tout le monde. Je passe pour le loup-garou ici... »

La Révolution n'a pas laissé subsister grand-chose du château qui servit de modèle au marquis de Sade pour décrire la demeure de Silling dans « les Cent Vingt Journées de Sodome ». Seule la tour sud est à peu près intacte, mais des travaux de restauration sont en cours : un puits Renaissance et un souterrain ont été refaits, et les remparts derrière lesquels se retranchèrent jadis les vaudois retrouvent peu à peu leurs pierres.

À quelques kilomètres à l'ouest, allongée sur une étroite arête rocheuse, *Ménerbes* fut aussi une place forte hérétique. Semblable à un vaisseau de haut bord qu'une décrue subite aurait oublié au

sommet d'une colline, elle abrita des huguenots durant les guerres de Religion. Là comme à Lacoste, l'intolérance et la folie des hommes transformèrent un paisible village en citadelle. De septembre 1577 à décembre 1578, 120 protestants, ravitaillés par de mystérieux souterrains, résistèrent à 12 000 catholiques disposant d'un soutien d'artillerie. Ils n'avaient pourtant à leur opposer qu'un seul canon, des arquebuses et des mousquets, mais le château, entouré de fossés, de tranchées, de bastions, était pratiquement inexpugnable : c'est l'eau qui finit par manquer.

Aujourd'hui, on n'entend plus parler la poudre dans les ruelles fraîches de Ménerbes. Les seuls éclats sont ceux des voix des artisans qui s'interpellent ou hèlent le chaland. Les environs du village recèlent une curiosité : sur la route de Bonnieux, on peut voir le plus beau dolmen de Provence, une table de pierre d'une dizaine de tonnes, recouvrant une chambre funéraire préhistorique.

Dernier des quatre villages perchés du Petit Luberon, *Oppède-le-Vieux* fut longtemps une ville fantôme. La végétation recouvrait les façades écroulées des maisons, et seule la silhouette carrée de l'église romane émergeait du fouillis de verdure et de vieilles pierres qui escaladait le flanc de la montagne jusqu'aux murs ruinés du château démantelé. Le fief du cruel baron d'Oppède était une cité morte et dans l'enchevêtrement des buissons, du lierre et des amandiers, on n'entendait plus que le pépiement des oiseaux.

Mais la beauté du site attira une petite colonie d'artistes qui, depuis quelques années, a entrepris de redresser les belles façades des nobles demeures. Les ruelles sont débroussaillées, les vieux murs reprennent lentement vie et, comme les travaux sont effectués par des gens de goût, l'ensemble n'en est que plus pittoresque. En fait, il en est peu à peu ainsi de tous les villages perchés du pays d'Apt, « découverts » par ceux des Parisiens que n'attire plus Saint-Tropez.

En retournant à Apt par la vallée du Coulon, on passe à *Notre-Dame de Lumières*, centre de pèlerinage que l'on n'a pas craint de surnommer la « Lourdes provençale ». Un ruisseau, le Limargue, vient se jeter dans le Coulon au pied d'un énorme rocher, à l'ombre duquel une abbaye s'était installée au IVᵉ siècle. Au XVIIᵉ siècle il n'en restait qu'une chapelle en ruine, mais l'apparition de mystérieux feux follets, puis la guérison miraculeuse d'un vieillard y attirèrent à nouveau les fidèles. On rebâtit la chapelle, les oblats de Marie-Immaculée s'y établirent, et le site, agrémenté d'un beau parc, fut le théâtre de nombreuses guérisons.

Un peu plus loin, le Coulon est enjambé par le *pont Julien*, ouvrage de l'ancienne voie romaine. Construit en dos d'âne, il se compose de trois arches, complétées par des ouvertures destinées à faciliter l'écoulement en période de crue. Le système a du bon : depuis deux mille ans, le pont résiste aux caprices de la rivière.

Des collines au profil de hautes montagnes : les « dentelles » de Montmirail.

Une fois par an, la nuit de Noël, l'église abandonnée d'Oppède-le-Vieux accueille à nouveau les fidèles.

château fort. Le muscat de *Beaumes-de-Venise* est réputé, tandis que *Suzette*, dernier bastion oriental de l'ancien domaine des princes d'Orange, se livre surtout à la culture des arbres fruitiers.

Montmirail, qui a donné son nom à la région et qui fut autrefois une seigneurie, n'est plus qu'un hameau. Au pied d'une vieille tour ruinée, près d'un vallon ombreux, planté de chênes séculaires, une grotte recèle une source saline dont les propriétés « rafraîchissantes » étaient autrefois renommées.

Seguret, bâtie à flanc de coteau, est plus vivante. Un noyau d'artistes a transformé l'ancienne chapelle Sainte-Thècle en salle d'exposition, et les ruelles étroites, l'église du XIIᵉ siècle et les ruines du château ne manquent pas de pittoresque.

Le monument le plus intéressant du massif est la *chapelle Notre-Dame d'Aubune,* de style roman. Édifiée dans un site magnifique, elle possède un très beau clocher carré, d'inspiration romaine, orné d'élégants pilastres. ∎

Les ocres de Roussillon

L'ocre brute est un mélange de sable argileux et d'oxyde de fer. Pour la commercialiser, on soumet le minerai à l'action d'un courant d'eau qui traverse une série de bassins, reliés par des canaux coupés de chicanes. Le sable se dépose d'abord; la « fleur », constituée d'oxyde de fer et d'argile, surnage et, entraînée par l'eau, va se déposer dans les derniers bassins de décantation, où elle constitue l'« ocre lavée », que l'on découpe en ⟶

Les ocres de Roussillon

À l'ouest d'Apt, mais plus au nord, un petit village tout rouge domine la plaine, du haut de son piton empanaché de pins : c'est Roussillon la bien nommée, plantée au sommet d'un bloc d'ocre aux parois verticales. Le vert sombre des arbres ne parvient pas à dissimuler les vives couleurs du sol : du jaune safran au violet évêque, en passant par toute la gamme des rouges, la palette est étonnante : on dénombre jusqu'à 17 nuances, dues à la présence dans le sable argileux de divers oxydes de fer.

Le village ne manque pas de pittoresque, avec son beffroi, son église romane et son point de vue du « Castrum », d'où l'on découvre le mont Ventoux dans toute sa splendeur. Mais sa véritable attraction, ce sont les ocres du « val des Fées », qui composent, au pied du belvédère, le décor d'une extraordinaire promenade. Le ruissellement des eaux a sculpté là une architecture véritablement féerique, une succession de formes surprenantes, un bouillonnement pétrifié et multicolore. Au flanc de falaises striées comme des tranches napolitaines, on chemine dans cet embrasement froid, dans cette tornade immobile, jusqu'au cirque des Aiguilles, où d'étranges minarets mauves dressent leurs tours pointues vers le ciel bleu.

On n'exploite plus les ocres de Roussillon : il aurait fallu pour cela débiter le socle qui porte le village. Les carrières se sont déplacées vers l'est, entre Rustrel et Gignac, où toute une colline s'est

carrés. Après séchage à l'air libre, celle-ci est broyée et blutée. Elle devient alors la poudre utilisée comme pigment pour les peintures, principalement celles du bâtiment.

Le secteur d'Apt-Roussillon est une des principales régions d'extraction et de traitement de l'ocre en France. Les couches de minerai atteignent parfois 15 m d'épaisseur. Leur exploitation a débuté à la fin du XVIII\ua siècle, sous l'impulsion de Jean-Étienne Astier : il fut le premier à ouvrir des carrières et à traiter le minerai, qu'il expédiait ensuite jusqu'à Marseille par des convois de mules.

La découverte des colorants chimiques a porté un rude coup à l'industrie minière des ocres. D'une production de 36 500 tonnes en 1914 (année record), on est tombé, en 1975, à moins de 2 500 tonnes. ■

▲ *Près de Gordes, les « bories », cabanes en pierres sèches, forment un véritable village.*

L'érosion a sculpté d'étonnantes figures dans les ocres
▼ *de Roussillon.*

L'énigme de la fontaine de Vaucluse

La résurgence de la fontaine de Vaucluse est probablement le débouché d'un immense réseau qui collecte les eaux de ruissellement du plateau de Vaucluse, du Ventoux, du Luberon et de la montagne de Lure. En période normale, son débit est de 2 500 000 m³ par jour, ce qui en fait l'une des plus grosses sources du monde. Les eaux de pluie ne peuvent suffire à assurer un tel volume. On suppose donc qu'il existe une importante rivière souterraine, collectant les eaux de tout un réseau hypogé, aux multiples ramifications, mais son tracé n'a pu être déterminé.

Plusieurs essais de coloration à la fluorescéine ont été tentés : à partir de la Nesque, près de Monieux; du

transformée en une succession de murailles, de défilés, de cirques et d'aiguilles chaudement colorés que l'on a surnommée, en exagérant à peine, le « Colorado provençal ».

Au bord du plateau de Vaucluse : Gordes

Comme elle est limitée au sud par le Luberon, la vallée du Coulon est fermée au nord par une barrière montagneuse, les monts de Vaucluse, un haut plateau calcaire sillonné de gorges, crevassé d'avens, qui s'étend sur quelque 170 000 ha au pied du Ventoux. C'est dans le sol fissuré de ce causse, au nord d'Apt, près de Saint-Christol, sur le plateau d'Albion, que l'armée a enterré les silos atomiques de la force de frappe. Il faut dire que le site s'y prête admirablement : les spéléologues y ont exploré plus de 200 gouffres naturels. Parmi les plus profonds, on peut citer « le Caladaire » (– 487 m), « Jean-Nouveau » (– 355 m, avec un à-pic de 163 m), « Jean Laurent » (– 130 m), le « Grand Gérin » (– 125 m). Tous ces gouffres collectent certainement les eaux de pluie qui alimentent la fontaine de Vaucluse; mais, jusqu'ici, les spéléologues n'y ont pas trouvé la moindre trace d'eau.

C'est à la lisière des monts de Vaucluse, sur un promontoire isolé, à l'ouest de Roussillon, que *Gordes* étage ses maisons anciennes jusqu'au sommet, qui porte une énorme église classique et un château Renaissance. Comment les bâtisseurs ont-ils pu accrocher des murs massifs et des tours rondes au flanc de cette colline dorée? Il faut croire que leur obstination était aussi farouche que la pente parsemée d'oliviers qui défendait l'accès du village.

Au XVI\ua siècle, le seigneur du lieu, Bertrand de Simiane, voulut faire de Gordes un joyau. Il rebâtit la vieille forteresse — dont il subsiste deux tours et la porte de Savoie — pour en faire le château Renaissance que nous voyons aujourd'hui et dont la grande cheminée porte encore une date, gravée dans la pierre : 1541. La décadence fut rapide. Deux siècles après la mort de Bertrand de Simiane, sous la Révolution, l'inventaire du château délaissé ne mentionnait plus que « quatre mauvaises chaises garnies de paille, deux paires de mauvais chenêts, une mauvaise roue d'une poulie en fer et deux vieilles serrures »!

Mais Gordes trouva un nouveau seigneur. Ce ne fut pourtant pas Marc Chagall : amoureux de ce village abandonné, aux maisons croulantes, il s'y installa après la dernière guerre; mais, devant le flot de plus en plus important des touristes, sans doute attirés par sa renommée, il prit le parti de s'enfuir. C'est un autre peintre célèbre, Victor Vasarely, qui a fait de Gordes un endroit à la mode. Pour créer un musée consacré à ses œuvres et complémentaire de la fondation aixoise qui porte son nom, le maître de l'art cinétique a loué le

uffre de Caladaire, près de Banon;
ns l'aven Jean-Nouveau, près de
ault; dans le gouffre de Belette,
ès de Saint-Étienne-les-Orgues.
ous ont donné des résultats
ositifs, mais ils n'ont pas fourni de
nseignements supplémentaires sur
existence de cette mystérieuse
vière, pas plus que les nombreuses
plorations (du scaphandrier
arseillais Ottonelli, en 1869, aux
ntatives plus récentes de l'équipe
commandant Cousteau).
En hautes eaux, le débit peut
teindre 195 m³ par seconde. Il est,
moyenne, de 120 à 150 m³, mais il
ffit que le débit dépasse 22 m³
ur que les eaux débordent de la
tite mare que forme la résurgence.
Au-dessus de cette mare, des
guiers s'accrochent aux rochers.
n poème de Frédéric Mistral
plique leur vigueur, puisée chaque

▲ *Après un mystérieux
périple souterrain,
la Sorgue surgit de la
fontaine de Vaucluse.*

année dans les crues : «Vers ses
racines, une fois l'an, vient clapoter
l'onde voisine; et l'arbuste aride, à
l'abondante fontaine qui monte à lui
pour le désaltérer autant qu'il veut,
se met à boire... Cela, toute l'année,
lui suffit pour vivre.»
Un autre «ange du bizarre»
fréquente les abords de la
résurgence. À gauche, dominant la
fontaine, une colline qui a
vaguement l'aspect d'une tête
bovine porte le nom de «Vache
d'or». Cette tête chauve recèle,
paraît-il, un trésor inestimable, un
monceau d'énormes lingots d'or
gardés par un esprit jaloux. Selon la
légende, si l'on tente de s'emparer
de ces richesses fabuleuses, l'esprit
pousse des mugissements, puis des
cris menaçants qui se répercutent
longuement dans les profondeurs de
la montagne. ■

*Un raide escalier de
terrasses verdoyantes
escalade le promontoire
▼ qui porte la forteresse de Gordes.*

hâteau, dont la porte à fronton triangulaire, l'escalier à vis, les
âchicoulis et le chemin de ronde composent un cadre plein de
ajesté aux 1 500 pièces de sa donation.
Gordes a grandement bénéficié de la présence de l'artiste et de ceux
ui l'ont suivi. On restaure à tour de bras. Malheureusement, les
archands du Temple ont suivi, et l'on s'attend à voir brader au
tour des «calades» — ces petites ruelles pavées qui zigzaguent au
anc de la colline — des pierres que la beauté du site ne suffira
ut-être pas toujours à sauver de l'exploitation commerciale.
À l'ouest du village, un vallon boisé abrite une concentration
habituelle de bories, ces cabanes de pierres sèches que l'on
ncontre dans toute la Provence, et notamment sur les pentes du
uberon. Construites en pierres plates (lauzes), disposées de façon à
rmer, sans le secours d'aucune charpente, une voûte parfaite, ronde
carénée, ces curieuses huttes n'ont, le plus souvent, ni fenêtre ni
eminée. Élevées par des bergers ou par des paysans travaillant loin
leur résidence habituelle, elles datent, pour la plupart, du XVIIe ou
XVIIIe siècle, mais il se pourrait que certaines d'entre elles soient
aucoup plus anciennes. Généralement éparpillées dans la nature,
les forment, près de Gordes, un véritable village, groupé autour
une aire de roche affleurante, avec maisons, étables, four à pain et
ur d'enceinte. Peu à peu, elles deviennent des «résidences
condaires», ce que, curieusement, elles furent jadis... avec une
tre conception du confort.

La vallée close de Pétrarque

À l'ouest de Gordes, le petit village de *Fontaine-de-Vaucluse* recèle
ne des curiosités naturelles les plus spectaculaires de France. Après
oir partagé l'ombre tentatrice des platanes, fréquentée les restaura-
urs, les marchands de souvenirs et les «artistes», jeté un coup d'œil
l'église romane toute simple et un autre à la colonne érigée à la
émoire de Pétrarque, une courte promenade au long des eaux vertes
la Sorgue, dans un vallon boisé, mène au fond d'un puits de plus de
0 m, au pied d'une haute falaise en arc de cercle d'où jaillit la
vière. «Vallis clausa», la vallée close : on est au bout du monde.
ivant la saison, la résurgence (une des plus importantes d'Europe)
présente comme une vasque aux eaux limpides ou comme un
audron bouillonnant.
Accrochées au rocher, les ruines du «château de Pétrarque»
minent le chaos de pierres moussues où la Sorgue fait ses premières
brioles. En fait, ce n'est pas dans ce château, propriété des évêques
Cavaillon, mais dans une maison du village, que résidait le poète
lien lorsqu'il faisait retraite à Vaucluse. Pendant seize ans, de 1337

Le renouveau de la langue provençale

« La France est assez riche pour avoir deux langues ! » décréta un jour Villemain, professeur de littérature à la Sorbonne au début du siècle dernier, en parlant du provençal. Et celui-ci, en effet, n'est pas un patois. On le sait surtout depuis que Frédéric Mistral et ses amis du félibrige ont retrouvé sa syntaxe, sa grammaire et son entité, tout entières projetées dans ce chef-d'œuvre de la langue provençale qu'est « Mireille ».

On oublie généralement que la langue d'oc, dont le provençal n'est qu'une version, fut (et est toujours en partie) parlée par la moitié de la France. Au XVIIe siècle, le voyageur qui arrivait dans le Midi entendait parler « étranger » : Racine l'avait découvert avec étonnement lors de son séjour à Uzès et, plus tard, Stendhal, débarquant à Avignon, crut se trouver... en Italie.

L'adoption de la langue d'oïl et l'obligation d'utiliser le français dans tous les textes officiels avaient effectivement relégué le provençal au rang de parler campagnard. Il fallut tout le talent de Mistral pour le tirer de l'ombre et le faire « monter » à Paris, jusqu'aux pieds de Lamartine ébloui.

En 1854, une poignée de jeunes poètes provençaux se réunit au château de Fontségugne, près d'Avignon, et fonda une société littéraire, connue sous le nom de « félibrige », dont le dessein était de restituer au provençal son rang de langue littéraire. Ils étaient sept : Frédéric Mistral, Joseph Roumanille, Théodore Aubanel, Anselme Mathieu, Paul Guiera, Jean Brunet et Alphonse Tavan. Mistral avait découvert le mot « félibrige » dans une ancienne cantilène où la Vierge raconte qu'elle a trouvé son fils Jésus « emé li sèt félibre de la lei » (parmi les sept félibres de la loi).

Dans un discours aux félibres catalans, en 1858, Mistral précisait ainsi les buts du félibrige :

« Que nos filles, au lieu d'être élevées dans le dédain de nos coutumes provençales, au lieu d'envier les fanfreluches de Paris ou de Madrid, continuent à parler la langue de leur berceau, la douce langue de leurs mères, et qu'elles demeurent simples, dans les fermes où elles naquirent, et qu'elles portent à jamais le ruban d'Arles comme un diadème ; et que notre peuple, au lieu de croupir dans l'ignorance de sa propre histoire, de sa grandeur passée, de sa personnalité, apprenne enfin ses titres de noblesse, apprenne que se pères se sont toujours considérés comme une race, apprenne qu'ils o su, nos vieux Provençaux, vivre toujours en hommes libres, et toujours su se défendre comme tels. » ∎

La flore du Ventoux : des Tropiques au Spitzberg

Les pentes du mont Ventoux constituent un terrain de choix pou l'amateur de botanique. Sortant de sa spécialité, le célèbre entomologiste Jean-Henri Fabre (1823-1915) en a donné une description précise dans ses « Souvenirs entomologiques » : « À

À Fontaine-de-Vaucluse, un château en ruine domine la rivière ▼ jaillie des falaises.

à 1353, il y vint régulièrement chercher l'inspiration dans la solitude. Il y vint aussi — ou surtout ? — pour se rapprocher de la belle Laure, éternel objet de ses platoniques amours, qui fut vraisemblablement la femme d'Hugues de Sade. Le poète a raconté leur rencontre : « Laure, célèbre par sa vertu et longuement chantée dans mes poèmes, apparut à mes regards pour la première fois, au temps de ma jeunesse en fleur, l'an du Seigneur 1327, le 16 avril, à l'église Sainte-Claire d'Avignon, dans la matinée. »

Le château des marquis de Sade est tout près, à *Saumane-de-Vaucluse;* c'est une ancienne forteresse médiévale, parée intérieurement d'un escalier Renaissance et de décors du XVIIIe siècle. Aux environs, on visite *L'Isle-sur-la-Sorgue,* qui est effectivement une île, enserrée par les multiples bras de la rivière, et *Le Thor,* qui abrite l'une des plus belles églises provençales de la fin du XIIe siècle, avec ses porches d'inspiration antique, son abside polygonale et son gros clocher central.

Les capitales oubliées du plateau de Vaucluse

Sur le plateau de Vaucluse, *Pernes-les-Fontaines,* qui fut, jusqu'au XIVe siècle, la capitale du Comtat, est aujourd'hui bien assoupie. De sa grandeur passée, elle a conservé des vestiges de remparts et des portes fortifiées. La plus pittoresque est la porte Notre-Dame : étroite, flanquée de grosses tours rondes, elle est précédée d'un vieux pont à deux arches, sur l'une des piles duquel on a élevé, au XVIe siècle, une chapelle précédée d'un porche qui recouvre le pont. L'église Notre-Dame, bien que remaniée, a toujours sa nef romane, et la tour Ferrande, vieux donjon carré du XIIe siècle, est ornée intérieurement d'intéressantes fresques médiévales. Quant aux fontaines, il y en a dans toutes les rues, sculptées et décorées avec goût. La plus belle est celle du Cormoran, qui date du XVIIe siècle et est ornée des armes de la ville.

Si Pernes-les-Fontaines est une ville de plateau, la toute proche *Venasque,* qui donna son nom au comtat Venaissin, est un nid d'aigle perché au sommet d'un piton boisé. Ancien évêché, elle eut rang de capitale. Aujourd'hui, ce n'est plus qu'un village, enfermé par d'imposants remparts de pierres sèches dont les fondations sont romaines et dont les tours ont peut-être été élevées par les Sarrasins. On y admire l'un des plus anciens monuments religieux de France, un baptistère mérovingien (fin du VIe siècle), orné de colonnes de marbre et de colonnettes d'époque romaine. Au pied du promontoire, la chapelle du couvent des carmélites *Notre-Dame-de-Vie* contient un remarquable échantillon de sculpture mérovingienne : la pierre tombale d'un évêque mort en 604.

base prospèrent le frileux olivier et cette multitude de petites plantes demi-ligneuses, telles que le thym, dont les aromatiques senteurs réclament le soleil des régions méditerranéennes; au sommet, couvert de neige au moins la moitié de l'année, le sol se couvre d'une flore boréale, empruntée en partie aux plages des terres arctiques. Une demi-journée de déplacement suivant la verticale fait passer sous les regards la succession des principaux types végétaux que l'on rencontrerait en un long voyage du sud au nord suivant le même méridien. Au départ, vos pieds foulent les touffes balsamiques du thym qui forment un tapis continu sur les croupes inférieures; dans quelques heures, ils fouleront les sombres coussinets de la saxifrage à feuilles opposées, la première plante

→ ▲ *Au pied du Ventoux, les gorges de la Nesque entaillent le plateau de Vaucluse.*

Le baptistère mérovingien de Venasque, orné
▼ *de colonnes antiques.*

Le nord du plateau de Vaucluse est un immense champ bleu : cultivée ou sauvage, la lavande y pousse partout. *Sault* est le centre de cette culture, qui s'est industrialisée depuis la fin du XIXe siècle, avec le développement des savonneries et des parfumeries. Bâtie sur un rocher, Sault domine une rivière capricieuse, souvent à sec, qui, un peu plus loin, a pourtant creusé dans le calcaire du plateau les sauvages *gorges de la Nesque,* tapissées de maquis et bordées de falaises truffées de grottes. La partie supérieure de ces gorges est dominée par le beau et curieux rocher du Cire, qui s'élève à plus de 200 m au-dessus de la route. Il doit son nom aux abeilles sauvages qui en ont fait un immense rucher. Autrefois, les jeunes gens de Sault et de Monieux se laissaient pendre dans le vide, au bout de longues cordes, pour s'emparer de leur miel. Ce fut d'ailleurs l'un des douze travaux de « Calendal », le héros herculéen de Mistral, qui arrachait les mélèzes du Ventoux pour les offrir à la fée Esterelle.

Un dieu tutélaire : le Ventoux

Le Ventoux est tout près, et l'on ne voit que lui. Sa majestueuse pyramide ferme l'horizon au nord du plateau de Vaucluse, balise fouettée par tous les vents, située à l'ouest des Alpes dont elle est le sommet (1 909 m) le plus occidental. Dans sa solitude blanche — de neige l'hiver et de caillasse l'été —, c'est le dieu tutélaire de la Provence, la montagne sacrée qui peut être grave ou souriante selon la saison, passant du rigide scintillement de la glace au moutonnement bleu tendre des champs de lavande.

Sur ses pentes où l'on aimerait pouvoir palper l'air, d'une pureté et d'une transparence sans égales, les forêts de hêtres succèdent aux oliviers et aux chênes verts pour faire ensuite place aux pins sylvestres et aux cèdres. L'été, les pâturages du sommet narguent ceux d'« en bas », alors desséchés, et offrent aux troupeaux transhumants leur herbe tendre et parfumée. L'hiver, les skieurs s'y donnent rendez-vous. Du point culminant, sur lequel se dresse l'antenne blanche et rouge du relais de télévision, on découvre les Alpes, les Pyrénées, les Cévennes et le Gerbier-de-Jonc; on aperçoit Marseille, Nîmes, Montpellier et là-bas, au loin, la mer qui scintille au-delà de la plaine d'Arles.

Au pied du géant provençal, les platanes du mail de *Malaucène* forment une oasis ombreuse. Le vieux bourg aux ruelles sinueuses est dominé par un beffroi carré et par les vestiges d'un château fort qui fut une citadelle calviniste. Bien qu'édifiée au XIVe siècle par le pape Clément V, qui résida à Malaucène, l'église est du plus pur style roman provençal, avec sa voûte en berceau brisé et son portail à mâchicoulis.

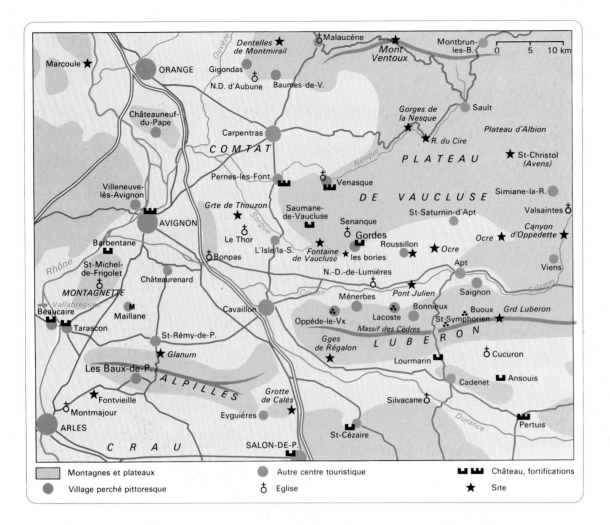

Map legend:

- Montagnes et plateaux
- Village perché pittoresque
- Autre centre touristique
- Eglise
- Château, fortifications
- Site

▲ *La saxifrage,
une des plantes sauvages
qui fleurissent les
pentes du mont Ventoux.*

⟶

qui s'offre au botaniste débarquant
en juillet sur le rivage du Spitzberg.
En bas, dans les haies, vous avez
récolté les fleurs écarlates du
grenadier, ami du ciel africain;
là-haut, vous récolterez un petit
pavot velu qui abrite ses tiges sous
une couverture de menus débris
pierreux, et déploie sa corolle jaune
dans les solitudes glacées du
Groënland et du cap Nord, comme
sur les pentes terminales du
Ventoux. » ■

Les Baux, seigneurs des Alpilles

Vers l'ouest, sur la rive gauche de la Durance, la montagne du
Luberon se prolonge par la chaîne des Alpilles, plus courte (25 km),
moins élevée (493 m à l'Aupiho), mais plus tourmentée. Crêtes
déchiquetées, découpant leur dentelle blanche sur l'azur du ciel, les
Alpilles paraissent posées sur un coussin de velours sombre, fait
d'oliviers, d'amandiers, de chênes et de pins. L'air est léger, sec,
embaumé par les plantes de la garrigue.

C'est au sud de ces montagnes en réduction, sur un promontoire
abrupt dominant la plaine de la Crau par une falaise à pic, que s'élève
le plus célèbre de tous les villages perchés provençaux. Quelle que
soit la route que l'on emprunte pour s'y rendre (il y en a trois),
l'impression qui se dégage des *Baux-de-Provence* est la même : il
semble que l'histoire se soit figée dans la pierre. Le vieux village et
les ruines du château se confondent avec l'éclatement des roches et
prolongent la falaise. Ce mélange intime d'architectures naturelles et
de constructions humaines est particulièrement saisissant lorsqu'on
vient de Saint-Rémy-de-Provence par la route du Val d'Enfer, cet
étonnant chaos calcaire, torturé par l'érosion et fouillé par les
hommes, qui l'ont creusé de carrières semblables à de gigantesques
et mystérieux temples souterrains. La légende prétend que c'est là
que Dante trouva l'inspiration pour décrire les neuf cercles de la
damnation.

Il y a deux manières de visiter les Baux. Guide en main, au pas de
charge, comme les cohortes de touristes qui viennent chaque jour par
cars entiers. Rassemblement Porte-Mage, puis safari-photo : en vrac,
l'église Saint-Vincent, son portail roman et ses chapelles creusées
dans le roc; la façade Renaissance de la maison des Porcelet; l'hôtel
de Manville et ses fenêtres à croix de pierre; la rue du Trencat, taillée
dans la roche à l'époque romaine; le buste de Charloun Rieu, chantre
de la terre baussenque; les ruines du château; la maison du Roi et
celles de Nicolas Martel, du tabellion Quenin, de Jean de Brion...
Quelques minutes pour acheter des souvenirs dans l'une des

nombreuses boutiques, un temps de repos sous les ormes de la petite
place Saint-Vincent, et c'est fini. Cela suffit sûrement à beaucoup,
puisque le guide le plus vendu est intitulé « Une heure aux Baux »...

Le « seigneur des Alpilles » mérite pourtant mieux que cette visite
rapide. Pour bien faire, il faut attendre la nuit, lorsque tous ceux qui
passent trop vite sont partis, et rêver. Rêver que le clair de lune fait
parler les pavés des rues bosselées et revivre la civilisation joyeuse et
farouche d'autrefois.

Car, des Ligures, qui s'y réfugièrent pour fuir les colons grecs de
Marseille, à Louis XIII, qui fit démolir les remparts, le site des Baux
fut intimement mêlé à l'histoire régionale. C'est la féodalité qui a
laissé l'empreinte la plus forte. « Race d'aiglons, jamais vassale, qui,
de la pointe de ses ailes, effleure le sommet de toutes les hauteurs » :
c'est ainsi que Frédéric Mistral a dépeint les seigneurs des Baux.
Orgueilleux, ils faisaient remonter l'origine de leur famille au mage
Balthazar. Puissants, ils tinrent tête durant des siècles aux comtes de
Provence. Leur histoire est une longue suite de combats, de meurtres,
de pillages. Mais à côté des guerriers vivaient les troubadours, et le
château des Baux était une des plus fameuses cours d'amour du Midi.

Au XVe siècle, la famille des Baux s'éteignit, et Louis XI fit
démanteler la trop puissante forteresse. Pendant la Renaissance, la
ville connut un bref regain de prospérité sous la férule du connétable
de Montmorency, gouverneur du Languedoc, puis elle tomba aux
mains des protestants, et Louis XIII consomma sa ruine en rasant ses
dernières défenses.

L'énorme donjon rectangulaire où les poètes venaient chanter la
grâce des princesses est toujours debout, mais ce n'est plus qu'une
carcasse éventrée. Alentour, dans un inextricable enchevêtrement de
pans de murs et de constructions troglodytiques, on devine des
appartements, un chemin de ronde, des tours de guet, un immense
pigeonnier, des caves, une chapelle, un hôpital, des communs...
Vestiges infimes d'une citadelle colossale, au pied de laquelle veille
une ville morte, des fantômes de maisons souvent réduites à leurs
assises taillées dans la pierre, à une citerne creusée dans le roc...

la Provence des abbayes

▲ *Loin des bruits du monde,*
l'abbaye du Thoronet
se dresse, solitaire,
au milieu de collines boisées.

Une des galeries couvertes, ▶
aux arcades massives,
du sobre cloître
du Thoronet.

◀ *Selon la règle cistercienne,*
l'humble clocher du Thoronet
ne devait pas abriter
plus de deux cloches.

*A**u Moyen Âge,*
les bénédictins de Cîteaux,
voués à la méditation
et à la pauvreté,
fondèrent,
dans des sites déserts du Midi,
trois abbayes
que leur similitude de règle,
de disposition et de style
fit surnommer
« les trois sœurs provençales ».

2. Provence des abbayes

▲ *L'abbaye de Sénanque*
se niche entre
les pentes rocailleuses
d'un étroit vallon.

Le dortoir de Sénanque, ▶
dont les murs épais
protégeaient les moines
de la chaleur et du froid.

Le chauffoir était la seule ▶▶
des salles du couvent
à posséder une cheminée.
(Abbaye de Sénanque.)

En le débarrassant de ses réminiscences antiques
et de toutes ses fioritures byzantines,
considérées comme de vaines manifestations d'orgueil,
les architectes cisterciens créèrent un style roman d'une extrême pureté,
tirant toute sa beauté de l'équilibre des proportions
et du travail parfait de la pierre.

▲ *Puissants arcs romans,*
soutenus par trois arcades
à colonnes jumelées :
les galeries du cloître de Sénanque.

La pente du
les architect
à placer le d
en contrebas

▲ *Contre le chevet*
de l'abbatiale,
les tombes anonymes
des moines de Sénanque.

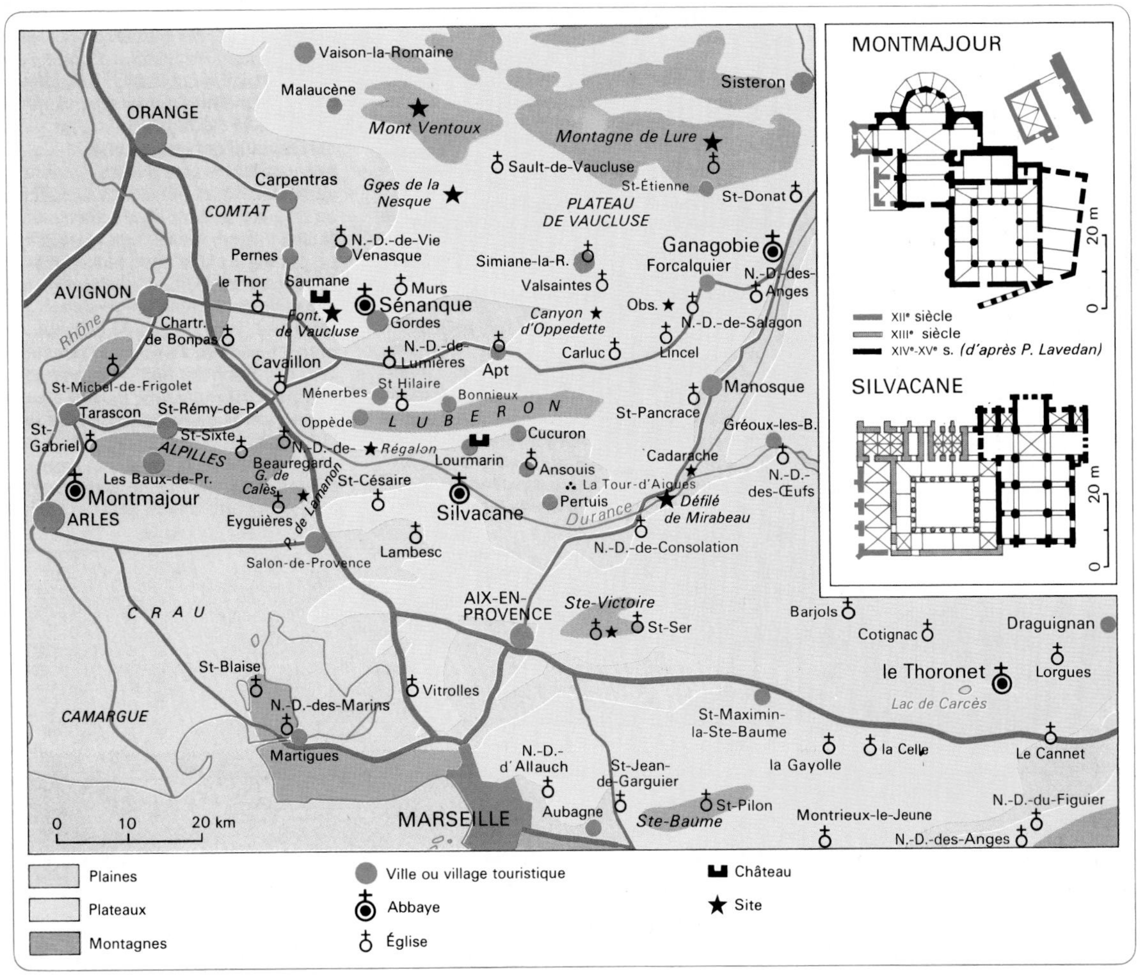

Tout cela grâce à l'activité de l'Association des amis de Sénanque, qui a signé un bail de trente ans avec les religieux (une clause donne à la congrégation la possibilité de reprendre l'abbaye s'il se présentait assez de vocations pour la repeupler, ce qui n'est pas le cas pour le moment). Trente-cinq chambres confortables ont été aménagées, afin de pouvoir accueillir dans de bonnes conditions les membres des groupes d'études.

On a toujours reçu des visiteurs à l'abbaye, mais d'une façon bien différente de celle d'aujourd'hui, comme en témoignent ces quelques extraits du règlement longtemps en vigueur : « Dès qu'un hôte aura été annoncé, le supérieur et les frères se hâteront au-devant de lui avec toutes les marques de la charité. Après avoir fait la prière ensemble, on prendra contact dans la paix. Aussitôt accueillis, les hôtes seront conduits à l'oratoire. Puis le supérieur, ou tel autre qui en aura reçu mandat, s'assiéra en leur compagnie et leur lira l'Écriture sainte, pour leur édification. Ensuite, on les traitera avec toute l'honnêteté qu'on pourra. Le supérieur rompra le jeûne pour manger avec eux. Quant aux frères, ils garderont leurs jeûnes accoutumés... Ce sont les pauvres surtout et les pèlerins qu'on entourera le plus d'attentions, parce que c'est principalement en leur personne que l'on reçoit le Christ. Pour les riches, en effet, la crainte qu'ils inspirent les fait assez honorer. » ■

séjourna dans les années précédant la Première Guerre mondiale.

En face, sur la rive gauche de la Durance, *Peyrolles-en-Provence,* dont le château classique est transformé en mairie, possède, avec la chapelle du Saint-Sépulcre, un curieux édifice en forme de trèfle à quatre feuilles, qui paraît dater du XVe siècle bien qu'il se rattache au style roman. À quelques kilomètres à l'est, au bord de la rivière, la *chapelle Notre-Dame-de-Consolation,* d'où l'on a une très jolie vue, est également romane, mais son plan est moins original.

Au pays de Jean Giono

Remontant toujours la Durance, nous laissons le Luberon à l'ouest et pénétrons, après les installations futuristes de Cadarache, dans le décor des romans de Jean Giono, chantre de la haute Provence, qui vécut et mourut à *Manosque.* Manosque l'Ancienne, Manosque la Belle, ville active qu'enrichit aujourd'hui notamment le commerce des primeurs, des fruits et des truffes. La ville a perdu une bonne part de l'austérité qu'elle devait avoir à l'époque où ses remparts lui faisaient une solide ceinture de pierre, mais ses rues étroites, bordées de hautes maisons, ses deux portes fortifiées et ses églises romanes (très remaniées) ont encore beaucoup de caractère.

Au nord de Manosque, dans les collines, *Forcalquier,* plus peuplée au Moyen Âge qu'elle ne l'est aujourd'hui, a conservé peu de souvenirs de son passé. L'église Notre-Dame, ancienne cathédrale, et le couvent des cordeliers datent du début du XIIIe siècle, mais tous deux ont subi d'importantes transformations. Une curiosité, pourtant : le cimetière, cloisonné par des rangées de hautes arcades faites d'ifs centenaires, soigneusement taillés. Au sud de la ville, l'ancien *prieuré de Notre-Dame-de-Salagon,* au bord de la Laye qu'enjambe un pont roman, a conservé une intéressante église romane et des bâtiments conventuels du XVe siècle. À l'est, non loin de la Durance, la *chapelle Notre-Dame-des-Anges,* de style classique, est un but de pèlerinage. *Lurs,* un village perché dont le nom reste attaché à une sombre histoire criminelle, l'affaire Dominici, n'est pas loin; il héberge aujourd'hui un centre international de recherches pour la rénovation des arts graphiques.

Au-dessus de Lurs, le *prieuré de Ganagobie* occupe une position privilégiée, à 660 m d'altitude, sur un étroit plateau isolé par de vertigineux à-pics. C'est le genre d'emplacement qu'affectionnaient ses constructeurs, les bénédictins de Cluny. Un choix opposé à celui des cisterciens. L'église, du début du XIIe siècle, répond aux canons de l'architecture romane provençale, avec un curieux portail dont les archivoltes en arc brisé sont séparées par des festons de pierre qui paraissent d'inspiration arabe, comme les mosaïques qui ornent le chœur. Dans la nef trône une Vierge de Monticelli, peintre provençal du siècle dernier; l'artiste en fit don aux religieux en souvenir de son enfance, passée en grande partie dans la ferme voisine du prieuré. Le cloître roman est un petit chef-d'œuvre de grâce et de simplicité; le réfectoire, couvert de deux voûtes d'ogives, et la salle des moines ont été restaurés, alors que les autres bâtiments qui l'entouraient sont en ruine.

Tout le sommet du piton est couvert de chênes verts sous les branches desquels on découvre des remparts en pierres sèches qui semblent dater de l'époque carolingienne, ainsi que les ruines d'une église du VIIIe siècle. Quant à la belle « borie » (hutte de pierres sèches) qui se dresse devant le prieuré, la tradition la dit gauloise. Des allées parfaitement entretenues sillonnent les bois et permettent d'atteindre deux magnifiques belvédères, pareillement perchés au sommet de murailles verticales : l'un domine la vallée de la Durance et le plateau de Valensole; l'autre, à l'opposé, le bassin de Forcalquier.

Au nord de Ganagobie, les amateurs de style roman ne manqueront pas, avant de quitter la vallée de la basse Durance, de s'enfoncer dans les premiers contreforts de la montagne de Lure pour visiter, dans un site sauvage, l'*église Saint-Donat,* dédiée à un ermite qui vécut et mourut dans les parages. Dans toute la Provence, c'est le seul sanctuaire important du XIe siècle qui soit intact. Les trois travées de la nef sont voûtées en plein cintre, les bas-côtés en demi-berceau, et les piliers sont ronds, ce qui est exceptionnel dans le Midi.

le Rhône des papes
et des citadelles

*Au XIVe siècle,
le pape Clément V,
ne se sentant pas en sécurité
dans Rome déchirée par les factions,
transporta le Saint-Siège à Avignon,
ville à peu près indépendante,
à laquelle un des rares ponts
franchissant le Rhône
assurait la prospérité.*

◄ *Mâchicoulis
et tourelles
en encorbellement
surplombent
l'entrée du palais,
ornée par
les armoiries
de Clément VI.*

*Sur la deuxième pile
du célèbre
«pont d'Avignon»,
la chapelle
Saint-Nicolas
a deux étages,
l'un roman,
▼ l'autre gothique.*

*Au pied ▶
de la cathédrale
et du palais
des Papes,
le pont Saint-Bénezet
semble bien étroit
pour «y danser
tous en rond».*

Tournant le dos au fleuve, ▲
la façade orientale
du palais des Papes
domine les toits
du vieil Avignon.

Au ras des eaux du Rhône, ▶
l'île de la Barthelasse
étale ses frondaisons
entre Villeneuve-lès-Avignon
et la citadelle
du rocher des Doms.

Pour abriter leur personne, leur suite et le trésor pontifical,
les souverains pontifes firent édifier un énorme palais gothique
et, comme les temps n'étaient pas sûrs, ils en firent en même temps
une solide forteresse, capable de résister à tous les assauts.

▲ *Miraculeusement préservées,*
les fresques de la chapelle Saint-Martial,
dans le Palais-Vieux.

Véritable citadelle,
assise sur un piton de roc
et complétée par une ceinture de remparts,
le palais des Papes réunit,
autour de ses deux cours intérieures,
tous les bâtiments nécessaires
à une administration complexe
et à une cour fastueuse où se pressa,
durant près de soixante-dix ans,
tout ce que l'Europe comptait
d'artistes et d'érudits.

Les remparts dont les papes
entourèrent Avignon
◀ *sont restés à peu près intacts.*

▲ *Au-dessus de la cour du Cloître,*
la plus ancienne du palais,
le campanile de la Cloche d'argent.

▲ *On pénètre dans le palais des Papes*
par l'aile des Grands-Dignitaires,
entre la tour d'angle et celle de la Gâche.

*Face à Avignon,
sur la rive droite du Rhône,
une autre citadelle,
Villeneuve-lès-Avignon,
fief du roi de France,
surveillait prudemment
la puissante cité des papes...
et accueillait à bras ouverts
les cardinaux qui,
franchissant le pont,
venaient s'y faire construire
de somptueuses villas.*

◀ *Le « petit cloître » gothique
est le plus intime
des trois cloîtres
de la chartreuse
du Val-de-Bénédiction.*

*Du haut de son tertre,
l'imposante silhouette
du fort Saint-André veille
sur Villeneuve-lès-Avignon
et sa collégiale Notre-Dame.*

*Les remparts du château ▲
démantelé de Beaucaire
ne défendent plus que des arbres
et des buissons.*

Aux deux extrémités
de leur pont de bateaux,
Beaucaire et Tarascon,
éternelles rivales,
s'épièrent durant tout le Moyen Âge
par-dessus les eaux
limoneuses du Rhône,
chacune d'elles se transformant
en citadelle en prévision
d'une attaque
qui ne se produisit jamais.

Vues de la «basse cour» ▶
*du château de Tarascon,
la tour de guet, carrée,
qui surveille l'entrée,
et la tour de l'Horloge.*

▲ *Porte nord de la Provence,*
Pont-Saint-Esprit dresse
au bord du Rhône
les tours de ses deux églises.

Séparant, en aval de Pont-Saint-Esprit, le département du Gard, situé sur sa rive droite, de ceux du Vaucluse et des Bouches-du-Rhône, sur sa rive gauche, le Rhône servit longtemps de frontière naturelle entre le Languedoc et la Provence. Fleuve-dieu au temps des Gaulois, il était alors la seule voie de communication entre le nord de l'Europe et la Méditerranée. Route précieuse, mais périlleuse à cause des colères du fleuve. Les marais insalubres qui le jalonnaient tenaient à distance les habitants des deux rives, et on ne pouvait le traverser que par bac ou par des ponts de bateaux comme celui qui, jusqu'au XVIIIᵉ siècle, relia Beaucaire à Tarascon.

Cela n'empêchait pas de se surveiller d'une rive à l'autre. Surtout à partir du XIIIᵉ siècle, lorsque les sympathies du comte de Toulouse pour les hérétiques albigeois eurent fourni au roi de France un excellent prétexte pour faire main basse sur le Languedoc. En face, le comté de Provence faisait partie, à la suite d'héritages compliqués, du Saint Empire romain germanique, dont la suzeraineté était d'ailleurs beaucoup plus théorique qu'effective.

Et l'on prenait ses précautions. Chaque donjon, chaque château édifié sur une rive du fleuve répondait à un bastion identique sur la rive opposée : Roquemaure à l'Hers (ou l'inverse, on ne sait plus), Beaucaire à Tarascon, Villeneuve à Avignon.

Avignon citadelle

C'est de Villeneuve-lès-Avignon qu'on voit le mieux Avignon, masse de pierre blanche s'avançant en proue au-dessus de la coulée luisante du Rhône. À l'orée de la fertile plaine du Comtat Venaissin, hachurée de cyprès, la vieille citadelle paraît intacte. Encore cernée par l'ovale de ses remparts, veillée par son immense palais-forteresse, couronnée de jardins, piquetée de clochers qui jaillissent des toits rosés dans la lumière pure, elle s'étage, autour du rocher à pic qui fut longtemps sa protection, jusqu'aux eaux troubles du fleuve.

Percés de portes fortifiées, flanqués de tours carrées, les remparts ceinturent la vieille ville d'une muraille longue de 4,3 km; ils sont encore imposants, mais ils paraissent moins hauts depuis que les fossés qui les bordaient ont été comblés et remplacés par de larges trottoirs, plantés d'arbres, sur lesquels s'affrontent les joueurs de pétanque.

À l'extérieur de l'enceinte, au nord-ouest de la ville, le célèbre « pont d'Avignon », dont le véritable nom est *pont Saint-Bénezet,* se lance toujours à l'assaut du Rhône, mais, depuis le XVIIᵉ siècle, il ne lui reste que quatre des vingt-deux arches qui, en prenant appui au passage sur l'île de la Barthelasse, où elles s'infléchissaient vers

l'amont, lui permettaient d'atteindre Villeneuve-lès-Avignon. Y dansait-on tous en rond, comme le dit la chanson? C'est peu probable, car le tablier, conçu pour des piétons et des cavaliers, est assez étroit.

Au XIIᵉ siècle, époque de sa construction, l'édification d'un tel ouvrage d'art paraissait irréalisable sans le secours d'un miracle. On dit qu'un berger de douze ans, Bénezet, réussit, poussé par les anges, à convaincre l'évêque d'Avignon de le laisser tenter l'opération; sommé de prouver l'aide divine dont il se prévalait, l'enfant souleva un rocher « de cent quintaux » et le porta au bord du Rhône pour commencer les fondations. Il fallut tout de même neuf ans à saint Bénezet et à ses disciples, les « pères pontifes », pour faire franchir au pont les quelque 850 m de tourbillons qui séparent les deux rives...

Sur la deuxième pile du pont, on bâtit une chapelle romane à deux niveaux, la chapelle Saint-Nicolas, pour abriter la dépouille du saint constructeur. Le puissant châtelet qui commande l'entrée de l'ouvrage fut ajouté, au XIVᵉ siècle, lors de la construction des remparts.

« En entrant dans Avignon, on se croit dans une ville d'Italie », notait Stendhal dans ses *Mémoires d'un touriste,* tandis que Mérimée, dans ses *Notes de voyage,* écrivait : « En arrivant à Avignon, il me sembla que je venais de quitter la France [...]. Je me croyais au milieu d'une ville espagnole. » Alors, italienne ou espagnole? Typiquement méditerranéenne, en tout cas, avec ses toits de tuiles rondes, ses places ensoleillées et ses ruelles ombreuses, ses clochers, ses palais, ses tours et sa couronne crénelée.

Pourtant, Avignon est bien française, car les sept papes qui l'ont édifiée au XIVᵉ siècle étaient tous français, comme leurs principaux maîtres d'œuvres. Tout au plus peut-on remarquer que la cour pontificale, où défilaient tous les grands de ce monde, abritait des artistes venus de toute l'Europe, qui, durant près de soixante-dix ans, firent de la cité des papes la capitale intellectuelle de l'Occident.

La cité des papes

Pourquoi les papes sur les bords du Rhône? Ravagée par les Ostrogoths, les Wisigoths et les Francs, occupée par les Sarrasins, longtemps gouvernée par son évêque, fief du comte de Toulouse jusqu'à la croisade contre les albigeois, rasée, rebâtie, Avignon garda son indépendance lorsque, en 1274, le roi de France Philippe III le Hardi céda le comtat Venaissin à la papauté. Elle échut ensuite au comte de Provence, mais conserva la charte qui faisait d'elle une petite république.

L'histoire d'Avignon commence véritablement en 1309. Cette année-là, le pape français Clément V, ancien archevêque de Bordeaux, ne se sentant plus en sécurité à Rome, déchirée par la rivalité

Les musées d'Avignon

Installé dans l'ancien hôtel de Villeneuve-Martignan, élégante demeure classique, construite au XVIIIᵉ siècle entre cour et jardin, le *musée Calvet* est l'un des plus riches de France. Son fondateur, Esprit Calvet (1728-1810), professeur à la faculté de médecine d'Avignon, était également archéologue, numismate et naturaliste. En mourant, il légua à sa ville natale son immense bibliothèque, ses collections et les fonds nécessaires à la création d'un organisme autonome, chargé d'administrer un musée où tous les Avignonnais pourraient approfondir leurs connaissances.

Depuis, une gestion intelligente, des achats judicieux et des donations substantielles ont beaucoup enrichi le musée. Une partie des collections est maintenant exposée au Musée lapidaire, et une autre partie sera bientôt hébergée par le Petit Palais.

Indépendamment de la bibliothèque qui, en sus de ses 260 000 volumes, possède des milliers de manuscrits, d'estampes, d'autographes et de monnaies anciennes, le musée proprement dit comporte diverses sections. Le rez-de-chaussée abrite une extraordinaire collection de ferronneries du Moyen Âge, une salle d'antiquités grecques, une autre de primitifs avignonnais, et une enfilade de salons, donnant sur le jardin et contenant des boiseries, des meubles, des objets d'art et des tableaux du XVIIIᵉ siècle (Hubert Robert, Vigée-Lebrun, baron Gérard). Trois salles plus récentes sont réservées aux dernières acquisitions du musée : antiquités

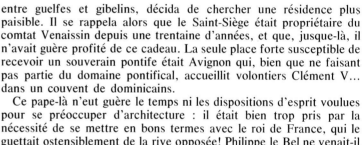

▲ *Le musée Calvet a logé ses collections de ferronneries, de peintures et d'archéologie dans le bel hôtel de Villeneuve.*

Véritable donjon avec créneaux et machicoulis, la tour de la Campane, orgueil du Palais Vieux.

entre guelfes et gibelins, décida de chercher une résidence plus paisible. Il se rappela alors que le Saint-Siège était propriétaire du comtat Venaissin depuis une trentaine d'années, et que, jusque-là, il n'avait guère profité de ce cadeau. La seule place forte susceptible de recevoir un souverain pontife était Avignon qui, bien que ne faisant pas partie du domaine pontifical, accueillit volontiers Clément V... dans un couvent de dominicains.

Ce pape-là n'eut guère le temps ni les dispositions d'esprit voulues pour se préoccuper d'architecture : il était bien trop pris par la nécessité de se mettre en bons termes avec le roi de France, qui le guettait ostensiblement de la rive opposée! Philippe le Bel ne venait-il pas de dresser une énorme tour juste en face d'Avignon, sur le rocher même où la dernière arche du pont Saint-Bénezet prenait appui sur la terre de France, en avant-poste de cette « Ville-Neuve » dont il avait favorisé la création pour surveiller — déjà — les agissements de la république d'Avignon, trop indépendante à son gré?

C'était un voisin à ménager. Il s'était juré la perte des Templiers : on y participerait. Ce raisonnement ne porta pas chance à Clément V : oppressé par la terrible prédiction du grand maître de l'ordre, qu'il venait de faire condamner au bûcher à Vienne et qui lui avait donné rendez-vous « devant le Grand Tribunal avant quarante jours », le pape ne put supporter la croisière de retour jusqu'à Avignon. Il fit arrêter son navire à Roquemaure et mourut dans la nuit.

Les vignes de Jean XXII

Le pape suivant, Jean XXII, se sentit plus concerné par Avignon, pour la bonne raison qu'il en était déjà l'évêque. Il se contenta d'agrandir le palais épiscopal proche de la cathédrale Notre-Dame, sur le rocher des Doms, pour y avoir mieux ses aises.

Hormis un somptueux tombeau à dais dans la cathédrale, Jean XXII a laissé peu de traces à Avignon, mais les gastronomes se félicitent encore de ce que, suivant la coutume de l'aristocratie avignonnaise, il se soit fait construire une résidence d'été en dehors de la ville, car il y fit planter les premiers pieds de vigne de *Châteauneuf-du-Pape*, au nord d'Avignon. Du château trapu, crénelé, édifié face aux coteaux languedociens, sur les hauteurs d'où l'on embrasse toute la vallée, des châteaux rivaux de Roquemaure et de l'Hers jusqu'aux Alpilles, il ne subsiste — après le passage des huguenots, du baron des Adrets, et des Allemands en 1944 — que deux pans de mur au milieu des vignes.

Le successeur de Jean XXII, Benoît XII, fut le premier à estimer que, les papes résidant désormais à Avignon, il leur fallait un logement digne d'eux. Son maître d'œuvre, Pierre Poisson, abattit donc le palais épiscopal pour édifier la forteresse que l'on nomme

romaines, primitifs de l'école d'Avignon, retables médiévaux, peintures italiennes, céramiques, tableaux modernes. Enfin, une galerie est consacrée à la préhistoire.

Au premier étage, la grande galerie de peinture présente de magnifiques spécimens des écoles française, flamande et italienne du XVIᵉ siècle, ainsi que des écoles espagnole et hollandaise du XVIIᵉ siècle. On y trouve également des œuvres plus récentes. Le XIXᵉ siècle est particulièrement bien représenté avec Horace Vernet, Louis David, Géricault, Chassériau, Corot, etc. Dans les salles de peinture moderne, on trouve les signatures de Boudin, Cézanne, Daumier, Dufy, Modigliani, Renoir, Sisley, Utrillo, Vlaminck, etc.

Le *Musée lapidaire* a élu domicile dans l'ancienne chapelle du collège des jésuites, qui est l'une des plus belles réalisations méridionales du style baroque. Avec ses niches, ses frontons brisés, ses pilastres et ses chapiteaux corinthiens, la façade est un chef-d'œuvre d'élégance, et la richesse de la décoration intérieure ne lui cède en rien. On y trouve des sculptures gauloises, des mosaïques et des statues gallo-romaines, des autels des premiers âges de la chrétienté, des tombeaux du Moyen Âge, des urnes funéraires et des statuettes de diverses époques. ∎

Le festival d'Avignon

Depuis l'année 1947, où Jean Vilar dressa pour la première fois, dans le cadre prestigieux de la cour d'honneur du palais des Papes, une estrade nue en face de quelques rangées de chaises de jardin, le festival d'Avignon a pris de l'ampleur, débordé le palais et même les remparts, enrichi, enorgueilli et exaspéré les habitants. En deux mois (juillet et août), il draine chaque année sur Avignon près de 250 000 personnes (fidèles, snobs, contestataires). Au théâtre se sont greffés la musique, la danse, des colloques; aux professionnels, les troupes d'amateurs. Au temps où les pionniers du T. N. P., Gérard Philipe en tête, collaient eux-mêmes leurs affiches, logeaient chez l'habitant, faisaient popote commune à « l'Auberge de France » et créaient *Lorenzaccio* ou *Don Juan* sur un plateau installé avec du matériel militaire avant de les « monter » à Paris, ont succédé les crédits d'équipement, la planification, l'idéologie... et quelque trente ou quarante spectacles par soirée, entre le festival officiel et le festival « off » non subventionné!

Ce bouillonnement, ce folklore et une foi demeurée souvent bien vivace ont réveillé la ville, qui somnolait doucement dans sa gloire d'antan... ∎

Carpentras, capitale du Comtat

Capitale du comtat Venaissin (après Venasque et Pernes-les-Fontaines) à partir de 1320 et jusqu' la Révolution, Carpentras est située à mi-chemin d'Avignon et du mont Ventoux, dans une plaine fertile, quadrillée par les rideaux de cyprès et les canaux d'irrigation. Autrefois réputée pour la qualité de ses charrons — ce qui lui aurait valu so

Dans la cour d'honneur du Palais Neuf, les modernes gradins ▼ du festival d'Avignon.

aujourd'hui « Palais Vieux ». Étonnamment rétrograde pour son temps, puisqu'elle fut construite à partir de 1334, en pleine période gothique, elle est d'une sobriété qui confine à l'austérité et semble avoir eu pour seul but de mettre en sûreté la personne du Saint-Père et le trésor de la papauté.

Clément VI, élu en 1342, avait des goûts plus fastueux. Il fit élever par Jean de Loubières les deux ailes en équerre du Palais Neuf, et acheta à la reine Jeanne de Naples, comtesse de Provence, sa suzeraineté sur Avignon : la reine, qui était accusée d'avoir fait assassiner son mari, reçut en échange de la ville son absolution et une somme de 80 000 florins, mais les mauvaises langues prétendent que cette dernière compensait tout juste les dettes de l'État de Naples vis-à-vis du Saint-Siège et qu'elle ne fut jamais versée.

Innocent VI fit construire l'enceinte qui entoure la ville, et Urbain V acheva le palais des Papes en dessinant les jardins et en faisant tailler dans le roc la cour d'honneur qui, depuis 1947, sert de cadre au festival d'Avignon.

En 1367, Urbain V décida de rentrer à Rome. Ce ne fut pas un succès, et il revint à Avignon trois ans plus tard. C'est seulement en 1377 que son successeur, Grégoire XI, après avoir régné sept ans à Avignon, réinstalla le Saint-Siège dans la Ville éternelle.

Pourtant, il y eut encore des papes à Avignon. À la mort de Grégoire XI, en 1378, éclata le grand schisme d'Occident. Après l'élection d'Urbain VI, des cardinaux contestataires nommèrent un antipape genevois, Clément VII, qui vint s'installer à Avignon. Il eu pour successeur l'antipape aragonais Benoît XIII, qui se cramponna à son palais jusqu'au début du XVᵉ siècle, malgré deux sièges épiques.

Ce fut le dernier des papes d'Avignon, mais le palais ne fut pas déserté pour autant. Propriété du Saint-Siège, la ville fut gouvernée par des légats ou des vice-légats. Ils y menèrent grand train et y attirèrent des artistes qui embellirent encore la cité.

La Révolution rattacha le comtat Venaissin à la France, mais saccagea Avignon. La ville, qui n'était plus depuis bien longtemps la capitale de la chrétienté, y conquit toutefois le rang de préfecture.

Le palais des Papes

Extérieurement, le palais des Papes se présente comme un énorme château fort de 15 000 m², aux murs très hauts, percés de rares ouvertures, hérissés de créneaux et flanqués de dix tours carrées. L'une d'elles, la tour de Trouillas, qui faisait office de donjon, attein encore 52 m de haut, bien qu'elle ait perdu le châtelet qui la couronnait. De puissantes arcades en ogive étayent la forteresse en rythmant sa masse imposante et ménagent, à leur sommet, de vastes mâchicoulis permettant de faire pleuvoir sur les assaillants quartiers de roc et poutres enflammées. Aucun autre ornement ne l'agrémente, en dehors des merlons, des échauguettes, des chemins de ronde, des herses et des escaliers à vis destinés à rendre la place imprenable, e qui se révélèrent très efficaces durant tout le règne de l'Église.

Les bandes de pillards qui sillonnaient les campagnes au cours de la guerre de Cent Ans et les routiers de du Guesclin qui rançonnaient les villes ne s'y frottèrent qu'avec circonspection. C'est surtout pendan le grand schisme d'Occident que la résistance de l'édifice se montra appréciable : les troupes venues chasser Benoît XIII durent assiéger le château pendant quatre ans avant que l'indomptable Aragonais ne se décidât à abandonner son fief, en 1403, et partît exercer son sacerdoce... à Châteaurenard, à trois lieues de là (peut-être par le souterrain secret prévu à cet effet!). Et il fallut encore dix-sept mois de lutte acharnée pour déloger en 1411 ses derniers partisans barricadés dans le palais. Le chroniqueur Froissart ne s'était pas trompé en décrivant le palais des Papes comme « la plus belle et la plus forte maison du monde, et la plus aisée à tenir »...

La disposition intérieure du palais est simple. Au nord, le bâtiments du *Palais Vieux* de Benoît XII s'ordonnent autour d'un cloître trapézoïdal, dont il ne reste que quelques arcades. Au sud, le *Palais Neuf* de Clément VI se compose de deux ailes en équerre, qu constituent la façade principale de l'édifice et se raccordent au Palai Vieux pour former la cour d'honneur : si l'extérieur est encore celu

▲ *Deux prisonniers enchaînés ornent l'arc de triomphe romain de Carpentras.*

nom de Carpentoracte, la « ville des chars » —, elle est aujourd'hui célèbre pour ses berlingots, ses truffes et ses fraises.

L'occupation romaine a laissé un petit arc de triomphe, décoré de bas-reliefs représentant des captifs enchaînés. Les papes d'Avignon entourèrent la ville de remparts; une ceinture de boulevards les a remplacés, et il n'en reste qu'une des portes fortifiées, dite « porte d'Orange ».

C'est l'antipape Benoît XIII qui fit construire la cathédrale Saint-Siffrein, beau vaisseau de style gothique provençal, qui a remplacé une cathédrale romane dont il reste quelques vestiges contre l'édifice actuel. Le portail sud, dit « porte Juive », de style flamboyant, est orné d'une sculpture, la « Boule aux Rats », représentant une sphère rongée par des rats, dont la signification symbolique est discutée. S'agit-il d'un exorcisme destiné à protéger la ville contre la peste, ce fléau véhiculé par les rongeurs que les croisés ramenèrent de Palestine dans les cales de leurs navires? De l'hérésie attaquant la chrétienté? Des prélats se disputant le fromage qu'était l'opulent fief ecclésiastique de Carpentras? On ne sait.

La cathédrale possède une précieuse relique, exposée dans une châsse : le « saint mors »; c'est un mors de cheval qui aurait appartenu à l'empereur Constantin et qui aurait été forgé avec des clous provenant de la sainte Croix.

L'ancien palais épiscopal, aujourd'hui transformé en palais de justice, date du XVIIe siècle. Sa façade est inspirée du palais Farnèse

Le Musée provençal d'Avignon, qui occupe le palais du Roure, ▼ *est réputé pour sa collection de cloches.*

d'une forteresse, l'intérieur était jadis un véritable palais, orné de toutes les ressources architecturales de l'époque.

L'entrée du château, surmontée de deux fines tourelles en encorbellement, était précédée d'un avant-corps, aujourd'hui remplacé par un perron. Traversant l'immense cour d'honneur (1 800 m²), dans laquelle Urbain V fit creuser dans le roc un puits de 27 m de profondeur, on commence la visite par le Palais Vieux. Après avoir vu la vaste salle du Consistoire, où se réunissaient les cardinaux, et la petite chapelle Saint-Jean, aménagée dans la tour du même nom, on monte au premier étage pour visiter le Grand Tinel, ou salle des Festins, qui a 35 m de long, la chapelle Saint-Martial, la chambre de Parement, qui servait de salle d'attente, le « studium » de Benoît XII, dont le carrelage d'origine a récemment été mis au jour, la chambre à coucher du pape, décorée d'oiseaux et de branchages, et la chambre du Cerf, dont les murs sont entièrement recouverts de fresques.

De là, on gagne le Palais Neuf, dont on visite la grande chapelle Clémentine, remarquable par la largeur de sa nef unique (15 m, autant que celle de la cathédrale d'Amiens, pour 52 m de longueur), avant de descendre, par le somptueux escalier d'honneur, à la salle de la Grande Audience, qui occupe tout le rez-de-chaussée de l'aile sud et qui est une des plus belles réalisations de l'art gothique.

Le palais des Papes fit office de prison sous la Révolution, puis de caserne jusqu'en 1902. Cela lui évita de connaître le sort de la Bastille, ou de servir de carrière municipale comme Châteaurenard, dont il ne reste que deux tours au sommet d'un monticule; mais on y fit des « aménagements » contestables. En grande partie restauré, il a retrouvé, dans l'ensemble, sa disposition initiale, mais la nudité de ses salles ne donne qu'une faible idée de son faste passé.

Les fresques qui le décoraient, en particulier, ont été très éprouvées. (Selon Mérimée, les soldats les détachaient adroitement des murs pour les vendre aux collectionneurs.) Les vies de saints qui ornaient les chapelles Saint-Jean et Saint-Martial, malgré toutes les dégradations qu'elles ont subies, frappent encore par leur vigueur et leur élégance. Hors d'atteinte sur les voûtes de la Grande Audience, la fresque des Prophètes est mieux conservée. Mais c'est la chambre du Cerf qui renferme les peintures les plus délicates. Recouvertes (par hygiène ou par stupidité?) d'une couche de chaux, elles n'ont été mises au jour qu'en 1906 et respectueusement restaurées : charmantes scènes de chasse, de pêche ou de baignade, dans un décor rappelant les tapisseries « mille-fleurs » et les enluminures des livres d'heures.

On a longtemps discuté sur l'auteur de ces œuvres de talent. On y reconnaissait l'empreinte de l'art siennois, mais certains y discernaient une influence et peut-être même une main françaises. On s'accorde actuellement à les attribuer à Matteo Giovanetti, un Italien venu de Viterbe, probablement assisté d'artistes français.

▲ *Avignon : une coupole elliptique couronne la chapelle de l'Oratoire.*

Dans le vieux quartier de la Banasterie,
l'élégance classique
▼ *de l'hôtel Galéans des Issarts (Avignon).*

Avignon ville d'art

Le palais des Papes est bâti sur un indestructible socle de pierre, le *rocher des Doms,* qui tombe à pic sur le Rhône et qu'escalade une rampe abrupte. Au sommet a été aménagé un beau jardin public, d'où l'on découvre un magnifique panorama sur le fleuve, le pont Saint-Bénezet, l'île de la Barthelasse et Villeneuve-lès-Avignon.

À côté du palais, la *cathédrale Notre-Dame-des-Doms* est bien antérieure aux papes. Construite au milieu du XII⁰ siècle, elle est précédée d'un clocher-porche qui ne manquerait pas d'allure si l'on n'avait pas eu la curieuse idée de planter à son sommet, en 1859, une colossale statue de la Vierge en plomb doré. Le porche, très typique du style roman provençal, est inspiré de l'antique, avec ses colonnes corinthiennes et son fronton triangulaire. La nef, voûtée en berceau brisé, et l'originale coupole à lanternon sont romanes, mais les chapelles latérales sont gothiques. Quant à l'abside, elle est de style roman, mais elle a été reconstruite au XVII⁰ siècle. Le chœur contient un trône de marbre du XII⁰ siècle, flanqué de deux quadrupèdes ailés. Une chapelle abrite le somptueux mausolée de Jean XXII, mais ce n'est plus le pape qui est couché sous l'élégant dais de pierre : il a été remplacé par un évêque, le gisant original ayant disparu lors de la Révolution.

Au fond de la place du Palais s'élève le *Petit Palais,* ancien archevêché, construit au XIV⁰ siècle pour remplacer l'ancien palais

de Rome, siège de notre ambassade en Italie, et les salles sont décorées de peintures exécutées par l'école de Nicolas Mignard.

Au XVIII⁰ siècle, Carpentras eut pour évêque un mécène érudit et philanthrope, Malachie d'Inguimbert, qui l'entraîna dans le grand élan artistique de l'époque. Il fit construire, à ses frais, l'hôtel-Dieu, dont la chapelle abrite son tombeau; la façade à fronton sculpté et à balustres a grande allure, et la pharmacie, décorée de singeries, contient une belle collection de pots anciens. À sa mort, il légua à la ville où il était né et qu'il avait administrée ses livres et ses tableaux, base du musée des Beaux-Arts et de la bibliothèque actuellement installés dans un hôtel particulier bâti par l'architecte de l'hôtel-Dieu.

Souvenir des temps troublés où les juifs persécutés trouvaient refuge dans les États pontificaux, la synagogue de Carpentras date du Moyen Âge, mais elle a été restaurée au XVIII⁰ siècle. Ses boiseries et son mobilier sont de style Louis XV, alors que le four où se préparait le pain azyme et la piscine destinée aux bains de purification remontent à l'époque gothique. ■

La chapelle Saint-Gabriel

Au sud de Tarascon, à l'extrémité occidentale de la chaîne des Alpilles, dans un site isolé, rocailleux, planté de cyprès et d'oliviers, une petite chapelle romane rappelle que, au Moyen Âge, s'élevait là une bourgade qui a complètement

épiscopal détruit par Benoît XII; à l'autre extrémité, face à l'entrée du palais des Papes, se dresse la belle façade à l'italienne, ornée de sculptures et couronnée de balustres, de l'ancien *hôtel des Monnaies* (XVII⁰ s.), qui abrite aujourd'hui l'école de Musique.

Mais Avignon ne se limite pas à la place du Palais. Pour découvrir la vieille ville, il faut emprunter ses rues tortueuses à l'ombre fraîche, explorer le quartier moyenâgeux de la Balance (dont la restauration a soulevé bien des polémiques), le quartier des Fusteries (qui doit son nom aux marchands de bois — «fustiers» — qui l'habitaient jadis) ou le quartier de la Banasterie, aux beaux hôtels particuliers. Il faut s'attarder près d'une fontaine et se reposer sous les platanes du «forum», c'est-à-dire de la bruyante place de l'Horloge, en regardant passer les jolies Avignonnaises au teint mat et à l'accent chantant.

Il ne saurait être question de décrire, ni même d'énumérer, tous les hôtels du XVII⁰ et du XVIII⁰ siècle dont les guides détaillent les majestueux portails, les façades sculptées, les pilastres et les frontons : au fil des rues et des places, ils composent un décor sans cesse renouvelé. Parmi les édifices plus anciens, il faut citer le *palais du Roure,* la plus belle demeure gothique d'Avignon, qui date de la fin du XV⁰ siècle et dont le portail flamboyant, enrichi de branchages entrelacés, s'ouvre maintenant sur un musée et une fondation savante. Dans la cour de l'*hôtel de Sade,* bâti au XIV⁰ siècle, mais reconstruit·au XVI⁰, une tourelle contenant un escalier à vis flanque trois belles arcades ogivales. La *maison de Bernard de Rascas,* avec ses pans de bois, ses étages en encorbellement et ses plafonds peints, date du XV⁰ siècle. Quant à la *tour de l'Horloge,* aujourd'hui annexée par l'hôtel de ville, elle fut élevée en 1354 et surmontée d'un beffroi à jaquemart à la fin du XV⁰ siècle.

Entre les multiples églises et chapelles, désaffectées ou non, qui rappellent le passé religieux de la ville, il nous faut également faire un choix, forcément arbitraire.

Parmi les églises, *Saint-Pierre,* qui possède le plus beau clocher d'Avignon, est gothique; les vantaux sculptés du portail, qui datent de la Renaissance, sont de toute beauté, et les boiseries du chœur (XVII⁰ s.) composent un élégant ensemble. *Saint-Symphorien,* qui faisait autrefois partie du couvent des Carmes, a été reconstruite, mais elle a conservé sa façade du XV⁰ siècle; les chapelles qui frangent sa large nef contiennent des statues et des peintures intéressantes. *Saint-Didier* a toute la sobriété du style gothique méridional du début du XIV⁰ siècle et un joli clocher; à l'intérieur, très beau retable exécuté à la requête du roi René par Francesco Laurana. *Saint-Agricol,* qui est de la même époque, apparaît plus massive et a subi diverses adjonctions; le tympan sculpté est, comme la façade, de la fin du XV⁰ siècle; dans le bas-côté droit est enterré l'architecte Pierre Mignard qui, sous le règne de Louis XIV, construisit quelques-uns des

isparu, mais qui était assez riche pour s'offrir une église décorée par un grand artiste. Les habitants étaient des «utriculaires», des mariniers conduisant des espèces de radeaux, soutenus par des outres gonflées, que leur faible tirant d'eau autorisait à circuler sur les marais séparant les Alpilles du Rhône. Une fois les marais desséchés, les radeaux disparurent, et les mariniers avec eux. Seule survécut la chapelle Saint-Gabriel.

Construite à flanc de coteau, au sommet d'un escalier de pierre, la chapelle, qui semble dater de la seconde moitié du XIIᵉ siècle, n'aurait rien de très remarquable sans son extraordinaire façade. Un vaste arc en plein cintre forme un porche assez profond, sous lequel s'ouvre un portail fortement inspiré de l'antique. Deux colonnes

corinthiennes portent un fronton triangulaire, orné de perles, d'oves, de denticules et de feuilles d'acanthe, et surmonté d'un agneau. Au centre de ce fronton, des bas-reliefs représentent l'Annonciation et la Visitation dans un style qui rappelle l'art des sarcophages. Au-dessous, sur le tympan dont le plein-cintre balance celui du porche, des sculptures assez archaïques figurent d'un côté Adam et Ève, de l'autre Daniel dans la fosse aux lions, surmontés d'un Christ en gloire. Comme celles du fronton, elles paraissent provenir d'une église plus ancienne.

Mais ce n'est pas tout. La partie haute de la façade, qui correspond au berceau brisé de la voûte, est percée d'un oculus (œil-de-bœuf) somptueusement décoré de motifs concentriques, où les ornements

▲ *Imprégnée de réminiscences antiques, la façade romane de la chapelle Saint-Gabriel.*

végétaux alternent avec des masques humains. Ces visages sont si vivants, si expressifs qu'ils ne peuvent avoir été exécutés que par un très grand artiste, peut-être un de ceux qui travaillèrent au cloître de Saint-Trophime d'Arles. Enfin, le même artiste a entouré l'oculus des symboles des quatre évangélistes. ∎

La foire de Beaucaire

La foule immense qu'attirait chaque année la foire de Beaucaire arrivait surtout par voie d'eau, dans des bateaux venus «des côtes barbaresques ou levantines, et du Ponant, et de la mer Majeure», raconte Mistral dans son *Poème du Rhône*. Il s'en amarrait parfois huit cents le long du quai, des tartanes de Gênes aux goélettes anglaises, dans

→

Avignon : la belle cour à arcades de l'hospice Saint-Louis date du XVIIᵉ siècle.

plus beaux hôtels de la ville. Enfin, l'église du *couvent des Célestins* — dont elle est le seul vestige avec un cloître — est un des rares exemples méridionaux du style gothique du Nord; la Révolution a malheureusement détruit, en même temps que le couvent, tous les trésors artistiques qu'elle contenait.

La *chapelle des Pénitents-Noirs* (XVIIIᵉ s.) est décorée avec une somptuosité qui fait davantage songer à un salon qu'à un lieu de prière, alors que celle des *Pénitents-Gris,* plus hétéroclite et plus modeste, contient quelques belles toiles de Nicolas Mignard et Pierre Parrocel. Les *chapelles de la Congrégation* et de *la Visitation* sont

«la rumeur de tous les jargons des gens de marine».

De tout cela, il ne reste presque rien : quelques souvenirs au musée de Beaucaire, les ormes et les platanes centenaires du « Pré », au bord du fleuve (mais, dans leur ombre, des arènes pour les courses de taureaux ont remplacé les baraques des forains), et quelques pages vibrantes de Mistral : « Et il y avait tant à voir dans cette foire : le gingembre, et l'essence de rose... Puis le corail, les fils de perles fines... les monceaux de draperies, de flassades (couvertures de laine pouvant servir de manteaux), les tas de soie dorée, soie grège ou floche... » Et le riz lombard, le miel de Narbonne, les anchois de Fréjus en baril, les pains de sucre et les dalles de savon de Marseille... On y trouvait de tout, même des pépites

▲ *Chartreuse du Val-de-Bénédiction, à Villeneuve-lès-Avignon : la rotonde du cloître Saint-Jean.*

Dans le vieux Beaucaire, la rue Arceau-de-l'Avenir séparait les deux parties ▼ *du couvent de Sainte-Ursule.*

voisines; la façade de la première, qui est du XVIIIe siècle, est concave et ornée de motifs rocaille, alors que celle de la seconde, plus vieille de cent vingt ans, est décorée à l'antique de colonnes et de pilastres corinthiens et d'un fronton triangulaire. Enfin, la *chapelle de l'Oratoire,* de forme elliptique et coiffée d'une remarquable coupole allongée, est un véritable joyau du style Louis XV.

Il serait dommage de quitter Avignon sans aller voir, au sud de la vieille ville, en dehors des remparts, l'ancienne *abbaye Saint-Ruf :* il ne reste qu'une partie de l'abbatiale romane, mais sa décoration intérieure, inspirée de l'antique, justifie le déplacement.

Une citadelle royale : Villeneuve-lès-Avignon

En face d'Avignon, sur le domaine royal de la rive droite du Rhône, la *tour de Philippe le Bel* surveillait, depuis le début du XIVe siècle, la sortie du pont Saint-Bénezet, afin de protéger contre toute tentative d'incursion la « ville neuve » que le roi et l'abbaye voisine de Saint-André venaient de faire bâtir. Haute de 32 m, admirablement située sur un rocher qui domine le fleuve, cette tour était si bien construite qu'elle est aussi solide aujourd'hui qu'au premier jour. Elle n'en parut pas moins ridiculement insuffisante lorsque les papes édifièrent leur inquiétante forteresse, transformant ainsi Avignon en une redoutable citadelle.

Pour répondre à cette provocation, les rois Jean le Bon et Charles V élevèrent, sur la colline qui domine le fleuve, une autre citadelle, le *fort Saint-André,* dont la vaste enceinte englobait l'abbaye et le village qui l'entourait. Ses murailles crénelées et son imposante porte fortifiée, flanquée de deux énormes tours rondes à mâchicoulis, n'empêchèrent pas les cardinaux avignonnais de continuer à franchir le fleuve-frontière pour se faire construire à Villeneuve, entre glycines et lauriers-roses, des résidences secondaires d'un raffinement tout italien.

Dans ce « petit Versailles », on a depuis lors démoli, retranché, ajouté, négligé. Lorsque vous passerez le fleuve à votre tour, partez à l'aventure, explorez, imaginez à partir des vestiges que vous dénicherez : des arcades, une porte monumentale, des grilles ven-trues. Deux monuments donnent cependant une idée de ce qu'a pu être la cité royale de Villeneuve au temps où les papes régnaient à Avignon.

L'ancienne *collégiale Notre-Dame,* élevée dans le style gothique méridional par un neveu de Jean XXII, n'avait, à l'origine, pas de chœur. On lui en fit un en murant sur trois côtés le rez-de-chaussée à arcades du beffroi voisin et en le reliant à l'église par une travée voûtée. Un joli cloître la borde, et son trésor contient un authentique

J'or venues de l'Ardèche voisine.

Ces marchandises étaient dispensées, par franchise royale, de tout droit, impôt ou péage. De plus, la liberté des personnes était garantie et, avec les ribaudes, les bateleurs accouraient de partout : avaleurs de sabres, mangeurs de feu, dompteurs de fauves, magiciens et marionnettistes se partageaient les badauds avec les montreurs d'ours, le géant et le sauvage qui se nourrissait de vipères. Les écus tombaient dru, à la foire de Beaucaire! ■

La Tarasque

Jusqu'au XVIIIe siècle, on pouvait se recueillir, dans la collégiale Sainte-Marthe de Tarascon, devant les reliques de la sainte, enfermées

▲ *La terrible Tarasque parcourt encore les rues de Tarascon, mais elle ne fait plus peur à personne.*

dans une châsse d'or que l'on disait la plus riche de France. L'église abritait aussi la dépouille du dragon dont cette sainte avait débarrassé le pays... Ce monstre abominable — que certains esprits forts rabaissent maintenant au rang d'un vulgaire crocodile — figurait à l'époque sur les armes de la ville, sous la forme d'« un dragon sans ailes à six jambes, dit Tarasque, de sinople aux écailles d'argent, avalant un homme ». Ailleurs, notamment sur le retable de la cathédrale Saint-Sauveur, à Aix-en-Provence, il a des ailes de chauve-souris, mais quatre pattes seulement.

Si l'on en croit la légende, la Tarasque, venue à la nage des rivages de l'Asie Mineure, menait joyeuse vie dans les marais avoisinant le Rhône, entre Avignon et Arles, et terrorisait les habitants

chef-d'œuvre : une Vierge à l'Enfant du XIVe siècle, en ivoire polychrome, incurvée comme la défense dont elle fut tirée; il lui manque malheureusement le bras droit.

La *chartreuse du Val-de-Bénédiction,* fondée par Innocent VI à partir d'un palais d'été qu'il s'était fait construire alors qu'il n'était encore que cardinal, a connu bien des vicissitudes. Vendue par lots lors de la Révolution, elle tomba entre les mains de petits propriétaires, qui transformèrent les cellules des moines en maisons d'habitation, en ateliers et en entrepôts. En 1834, Mérimée retrouva dans la resserre d'un vigneron, encombrée de tonneaux et d'échelles, le somptueux mausolée à dais de pierre d'Innocent VI, transformé en armoire par le propriétaire des lieux. Aujourd'hui, les bâtiments, progressivement récupérés, sont restaurés. On visite l'église, où le tombeau d'Innocent VI a repris sa place, le petit cloître et son lavabo en rotonde, le réfectoire, la chapelle pontificale, ornée de fresques de Matteo Giovanetti; on devine le cloître Saint-Jean et le grand cloître, encore occupés par des demeures particulières.

Au premier étage de l'hospice, installé dans un ancien hôtel particulier du XVIIe siècle, le musée principal abrite un magnifique *Couronnement de la Vierge* d'Enguerrand Charonton, le peintre auquel certains attribuent la célèbre *Pietà d'Avignon,* qui fit naguère la gloire de ce musée et qui se trouve aujourd'hui au Louvre.

Des sœurs ennemies : Beaucaire et Tarascon

En aval d'Avignon, le Rhône, après son confluent avec la Durance, longe la Montagnette, théâtre des exploits du célèbre Tartarin d'Alphonse Daudet et de ses «chasseurs de casquettes».

À la pointe nord du petit massif, *Barbentane* est dominée par la tour Anglica, réplique fidèle de celle de Philippe le Bel à Villeneuve. Fièrement plantée au sommet d'un rocher, cette tour est le seul vestige d'un château édifié par le frère du pape Urbain V. Dans le vieux village, en face de l'église mi-romane mi-gothique, la maison des Chevaliers possède une tour à pans, des arcades Renaissance et une galerie à colonnes. Dans la plaine s'élève un beau château du XVIIIe siècle et, sur le plateau, le dernier des moulins à vent qui alimentait jadis le bourg en farine.

Plus au sud, les ruines du château de *Boulbon,* construit vers 1400 par le comte de Provence, dressent leur masse imposante parmi les pins, sur un rocher à pic, face à ce qui fut le royaume de France. À l'entrée du bourg, près du cimetière, dans la chapelle romane Saint-Marcellin qui abrite un beau mausolée gothique, se déroule au mois de juin la «procession des bouteilles», au cours de laquelle est béni le vin de l'année.

Longtemps voué au triste rôle de prison, le château féodal de Tarascon ▼ *a échappé à la destruction.*

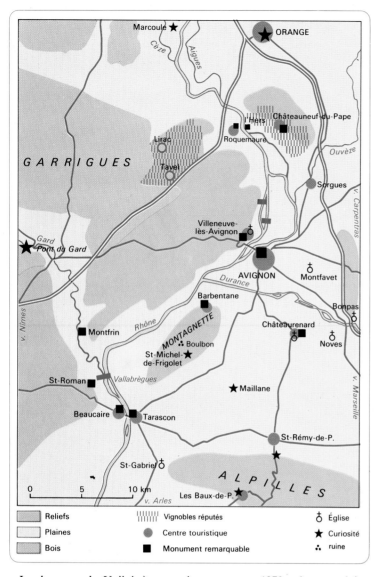

Reliefs
Plaines
Bois

Vignobles réputés
Centre touristique
Monument remarquable

♀ Église
★ Curiosité
∴ ruine

du bourg de Jarnègues. Quand aborda en Camargue la barque sans voile ni gouvernail qui avait miraculeusement amené de Palestine Lazare le Ressuscité, Marie-Madeleine, Marthe, Marie Jacobé et Marie Salomé, accompagnées de leurs servantes Marcelle et Sara (qui devint la patronne des gitans), les habitants de Jarnègues vinrent supplier Marthe de les sauver. Elle s'enfonça dans les roseaux à la recherche du monstre et revint du même pas tranquille, le tenant en laisse avec sa ceinture. De ce jour, Jarnègues s'appela Tarascon.

En 1469, le bon roi René réjouit grandement le cœur de ses sujets par l'institution des fêtes de la Tarasque, « avec grand tintamarre, noces, farandoles, festins ». Un dragon d'osier et de toile peinte, animé par les « tarascaires », était promené,

tantôt furieux, crachant le feu par les naseaux, fouaillant l'air de sa queue, tantôt exorcisé, tenu en laisse par sainte Marthe. Ce fut un coup de foudre : des mas les plus reculés, le Provençaux accoururent pendant des siècles prendre part aux festivités, e les trompettes de la renommée délivrèrent Tarascon de son complexe envers Beaucaire. Aujourd'hui encore, on sort la Tarasque le dernier dimanche de juin, pour amuser les touristes, et o la fait accompagner d'un Tartarin barbu et de gardians camarguais.

Il ne faut pas confondre la Tarasque avec le Drac, autre créature aussi mystérieuse qu'amphibie, qui sévissait dans les parages d'Avignon, fascinant et entraînant dans le fleuve les passan et les lavandières qui l'apercevaient. ■

illustrant la Passion, et les trois corps du majestueux hôtel de ville, élevé au XVIIᵉ siècle par un architecte beaucairois, et non par Mansart comme on l'affirme parfois. Les amateurs de curiosités escaladeront les collines qui dominent le Rhône, au nord de la ville, pour visiter l'abbaye souterraine de Saint-Roman; édifiée sur et dans un piton rocheux empanaché de pins, elle a perdu la plupart de ses constructions extérieures et n'a plus qu'une chapelle troglodytique et une grande salle capitulaire entièrement taillée dans le roc, y compris les colonnes et le siège du prieur.

La revanche de Tarascon

En face, sur la rive gauche du Rhône, la provençale Tarascon dut ronger son frein pendant près de deux siècles avant de pouvoir relever le double défi du château et de la foire. Mais quelle revanche! Une magnifique forteresse de pierre blonde, jaillie du fleuve d'un élan puissant, la seule, sur toute la longueur du Rhône, à braver les eaux grondantes qui la contournent par de larges douves. Un château massif, sans faille, renforcé aux angles de tours rondes à l'est, côté « Empire », de tours rectangulaires à l'ouest, côté « Royaume », flanqué au nord d'un châtelet de garde, couronné de terrasses crénelées à mâchicoulis; un bastion renfermé, comme enroulé sur lui-même autour d'une cour gracieuse, inattendue, affinée par une architecture flamboyante. Le plus parfait des châteaux féodaux de Provence, un des plus beaux de France et peut-être le mieux conservé!

La construction, commencée à la fin du XVᵉ siècle par Louis II d'Anjou, comte de Provence et roi de Sicile, sur l'emplacement d'un ancien castrum romain, empiéta largement sur le règne du roi René; elle se prolongea durant une cinquantaine d'années pendant lesquelles on ne lui refusa jamais rien, comme l'attestent les livres de comptes.

Ancienne citadelle, Tarascon a perdu ses remparts au XIXᵉ siècle, mais elle a conservé trois portes fortifiées. Le Moyen Âge a également laissé quelques pittoresques maisons à arcades dans la rue des Halles, et l'un des plus célèbres sanctuaires de Provence, l'église Sainte-Marthe où, au XIIᵉ siècle, les Tarasconnais déclarèrent avoir retrouvé la dépouille de la sœur de Marie-Madeleine et de Lazare, venue avec eux de Palestine. Du sanctuaire roman, il ne reste que le portail sud, dont le tympan fut malheureusement détruit pendant la Révolution. Dans l'ensemble, l'église actuelle est gothique. Elle contient de beaux tableaux, un tombeau attribué au sculpteur Francesco Laurana et, dans la crypte, deux mausolées de sainte Marthe, exécutés l'un en pierre au XVIᵉ siècle, l'autre en marbre au XVIIᵉ.

Le *barrage de Vallabrègues*, mis en eau en 1970, n'est pas loin. C'est le plus important des grands barrages qui ont domestiqué le Rhône et transformé un fleuve tumultueux en une puissante fabrique de kilowatts. Ses eaux étaient plus agitées au Moyen Âge, lorsqu'il servait de frontière et arbitrait, tout près de là, une joute autrement plus gaillarde que les intimidations guerrières auxquelles se livraient Avignon et Villeneuve : la jalousie passionnée, alimentée à coups de fêtes et de châteaux, qu'éprouvaient l'une envers l'autre Beaucaire et Tarascon. Et ce ne fut pas la mise sous tutelle française de la languedocienne Beaucaire, au XIIIᵉ siècle, qui apaisa les rivalités.

C'est *Beaucaire* — Beau Rocher du Rhône —, sur la rive droite, qui semble avoir ouvert le ban avec sa foire annuelle. Dieu sait si elle eut du succès, cette foire « à l'égard de laquelle le grand Caire d'Égypte n'était rien », n'hésite pas à affirmer Mistral! Créée en 1217 par le comte Raimond VI de Toulouse, elle durait une semaine, du 21 au 28 juillet; six siècles durant, elle accueillit jusqu'à 300 000 personnes chaque année : au Moyen Âge, c'était un chiffre! Elle n'est morte qu'au siècle dernier, de langueur provoquée par l'apparition du chemin de fer...

Le château veillait au grain, du haut de son rocher à pic où bruissaient les pins, son curieux donjon triangulaire tendu en éperon au-dessus du Rhône. Une profonde tranchée garantissait ses arrières et, de sa plate-forme, on surveillait les premiers contreforts des Cévennes, la Camargue, la Montagnette, les Alpilles, le Luberon et la montagne de Lure. Le panorama n'a pas changé, mais Louis XIII a fait démanteler la forteresse qui résista aux croisés de Simon de Montfort et hébergea Saint Louis en route pour la croisade.

Au centre de la ville, il faut voir l'église Notre-Dame-des-Pommiers, qui n'a guère plus de deux cents ans, mais dans le mur extérieur de laquelle est encastrée une très belle frise romane

Arles

et le patrimoine gallo-romain
de la Provence

◀ Les arcades superposées
et une tour de défense
des arènes d'Arles.

▲ Glanum : corniche
à décor corinthien
des temples géminés.

Derrière les vignes envahies ▶
par les herbes folles,
les blanches crêtes
des Alpilles.

*Les civilisations meurent,
les monuments s'écroulent,
mais le ciel reste bleu,
le thym et le romarin parfument encore la garrigue,
le soleil est toujours là pour faire chanter les cigales,
et les blancs sommets des Alpilles
n'ont pas changé depuis l'époque des Romains.*

*Vivant dans un pays magnifique,
familiarisés par les Anciens
avec toutes les séductions
de la sculpture et de l'architecture,
les Provençaux, aujourd'hui
comme il y a vingt siècles,
restent très sensibles à la beauté...
sous toutes ses formes.*

▲ *Vaison-la-Romaine :
dans les ruines de la
« maison des Messii »,
la « Vénus laurée ».*

◄ *À Arles,
toutes les fêtes sont
prétexte à revêtir
le costume traditionnel.*

Les colonnes ▶
*du temple
de Valetudo,
déesse de la Santé,
à Glanum.*

Une des venelles ▶
du vieil Arles,
la rue des Arènes.

Élevé à la gloire ▶ ▶
des légionnaires de César,
l'arc de triomphe d'Orange.

Les arènes d'Arles,
l'un des plus anciens
▼ *amphithéâtres du monde.*

Les hurlements des chrétiens livrés aux fauves
et les clameurs de la foule en délire se sont tus dans les arènes,
on n'entend plus cliqueter les armes des légionnaires vainqueurs
défilant sous les arcs de triomphe,
et la Provence, engourdie par la chaleur du jour,
a tout loisir de rêver à son lointain passé.

▲ Vaison-la-Romaine :
la grande urne
à provisions
des «maisons de rapport».

Les Antiques ▶
de Saint-Rémy-de-Provence,
témoins d'une civilisation
deux fois millénaire.

◀ Vue du dernier étage
des arènes d'Arles,
l'église collégiale
Notre-Dame-de-la-Major.

Un humble vase de terre
que l'on emplissait
de grain en été
pour manger durant l'hiver,
des arènes
où l'on venait se distraire
les jours de fête,
des maisons, des monuments...
ici le passé n'est pas mort.
Il vous attend
à chaque détour du chemin,
et il ne faut pas beaucoup d'imagination
pour le peupler
de lointains ancêtres
qui paraissent étrangement familiers.

La double rangée
des tombeaux vides
de l'allée des sarcophages,
aux Alyscamps (Arles). ▶ ▶

▲ *Saint Jean l'Évangéliste,*
l'une des grandes figures
en pied du portail
de l'église Saint-Trophime.

elles, de part et d'autre du portail, reposent sur des lions en train de dévorer des hommes, probablement en souvenir du martyre des premiers chrétiens dans les arènes toutes proches.

Les chanoines de la cathédrale menaient une vie monacale, ce qui explique l'existence de bâtiments conventuels et d'un cloître, l'un des plus beaux de France sans doute. Des quatre galeries qui entourent un jardin très simple, deux sont romanes et deux sont gothiques. Les chapiteaux des colonnes doubles sont ornés de feuillage ou de scènes pieuses. C'est surtout aux quatre piliers d'angle que les artistes médiévaux ont consacré tous leurs soins. Flanqués de grandes statues de saints, décorés de bas-reliefs, ils sont d'une richesse d'inspiration qui force l'admiration. ■

▲ *Célèbre dans toute la Provence*
pour la richesse de ses sculptures,
le cloître Saint-Trophime.

Jeux de cirque
à la mode du XXᵉ siècle :
la fête des gardians
▼ *aux arènes d'Arles.*

Des remparts du Iᵉʳ siècle av. J.-C., qui ceinturaient la première forteresse romaine, il reste une bonne partie de la section orientale, avec la porte d'Auguste par laquelle la *via Aurelia* pénétrait dans la ville, et la tour des Mourgues, au coin du boulevard des Lices. Les remparts qui longent le jardin public furent édifiés postérieurement par les Barbares, et ceux qui encadrent la porte de la Cavalerie, au nord de la ville, datent du Moyen Âge.

Deux colonnes corinthiennes et un morceau de fronton sont les seuls vestiges visibles du forum, cœur de la cité antique, et des multiples bâtiments, privés ou publics, qui l'entouraient. Mais, sous la terre, de mystérieuses galeries voûtées, intactes, indiquent son emplacement : ces « cryptoportiques » sont accessibles par le musée d'Art chrétien. Éclairés par des soupiraux, ils servaient autrefois de magasins et d'entrepôts. L'ensemble forme un rectangle de 110 m de longueur sur 76 m de largeur, chacun des côtés comportant deux travées, séparées par des arcades. Trois des côtés datent du Iᵉʳ siècle

av. J.-C. Celui du nord, traversé par l'égout des premiers urbanistes romains, coupé par le soubassement d'un temple du forum, fut doublé, sous le règne de Constantin, par une galerie de briques.

Les arènes gonflées d'une foule en délire...

Le monument le plus imposant et le mieux conservé de la ville est l'amphithéâtre, que tout le monde appelle « les arènes ». On pense qu'il fut bâti au début du Iᵉʳ siècle de notre ère, ce qui fait de lui l'un des plus anciens de la Rome antique. Des fêtes grandioses s'y déroulaient, et fauves et gladiateurs s'y affrontèrent souvent.

C'est un colossal vaisseau de pierre, s'ouvrant à l'extérieur par deux étages d'arcades et flanqué de trois tours ajoutées au Moyen Âge. Ses dimensions sont impressionnantes : 136 m pour le grand axe de l'ellipse, 107 pour le petit. La piste ovale, entourée d'un mur asse

Le musée d'Art chrétien d'Arles, installé dans l'ancienne chapelle des Jésuites.

La Vénus d'Arles

Comme toutes les cités romaines, Arles était couverte de statues. Malheureusement fragiles, elles ne résistèrent ni au temps, ni aux vandales, ni aux fanatiques, qu'ils fussent religieux ou républicains. Les fouilles ont heureusement restitué quelques admirables spécimens, comme la célèbre Vénus d'Arles.

Au XVIIᵉ siècle, un certain monsieur Brun, prénommé Naufari, acheta aux jésuites le vieux collège bâti sur l'emplacement du théâtre. Voulant creuser une citerne, il « trouva, le 5 juin 1651, à huit pans de la terre et sous un gros pilier de marbre, la statue de Diane, appelée aussi « Vénus d'Arles ». Les consuls la firent porter dans la maison de la ville ».

Il s'agissait de la copie romaine, datant du Iᵉʳ siècle de notre ère, d'une statue grecque beaucoup plus ancienne. Cassée en trois morceaux, elle avait perdu ses bras, mais elle était encore d'une si grande beauté que les Arlésiens décidèrent de l'offrir au roi. Au préalable, ils eurent la sagesse d'en faire prendre un moulage par le sculpteur Péru.

Bien leur en prit, car Louis XIV, en recevant la statue, la trouva si belle qu'il eut une initiative discutable : il la fit restaurer par Girardon, alors en grande vogue à la cour.

Après avoir longtemps orné Versailles, la Vénus d'Arles est maintenant au Louvre. Le moulage original de Péru est resté à Arles. On peut l'admirer au musée d'Art païen, à côté d'une reproduction de la statue dans son état actuel. La comparaison n'est pas tellement flatteuse pour Girardon… ■

▲ *À la mairie d'Arles, un moulage de la Vénus accueille les visiteurs.*

Le théâtre antique d'Arles sert chaque année de cadre à de nombreuses ▼ *manifestations artistiques.*

...aut pour que les bêtes sauvages ne risquent pas de bondir sur les pectateurs, est ceinturée de gradins. Étagés sur 43 rangs, couvrant rès de 12 000 m², ceux-ci offraient autrefois quelque 25 000 places ssises. Ce chiffre, si l'on en croit certains érudits, permet d'évaluer e nombre des habitants de la ville, les amphithéâtres étant conçus our accueillir le tiers de la population. On peut donc en conclure u'Arles comptait alors plus de 70 000 âmes, ce qui était considérable our l'époque.

Les arènes d'Arles sont encore imposantes, en dépit de leurs ombreuses dégradations. Leur état de conservation paraît même iraculeux quand on songe à toutes les péripéties de leur longue xistence.

Lorsque l'arrivée des Wisigoths (480) fit régner le silence dans énorme enceinte, l'amphithéâtre fut abandonné. Très vite, on vint lui érober quelques pierres. Puis les voleurs s'enhardirent et puisèrent argement dans ses flancs, leur arrachant de quoi bâtir des maisons ntières. Il devint ainsi une véritable carrière. Les Sarrasins virent le arti qu'ils pouvaient en tirer et le transformèrent en forteresse. orsque Charles Martel eut chassé les Arabes de la ville, l'amhithéâtre retrouva le calme. Pas pour longtemps : les pauvres gens envahirent et en firent comme une ville à part, avec moulins à huile, ours à pain, poulaillers, et même deux chapelles. Les estampes de époque montrent l'amphithéâtre transformé en une véritable petite ité, comprenant plus de 200 demeures particulières, entassées au etit bonheur dans un fouillis indescriptible.

Cette situation dura jusqu'au début du siècle dernier. En 1825, le aire d'Arles décida d'en finir avec ce sacrilège et ordonna le éblaiement.

C'est ainsi que, après quatorze siècles de sommeil, bien mutilées ais toujours grandioses, décapitées de tout leur troisième étage, les rènes retrouvèrent leur destination première et ouvrirent à nouveau eur piste aux jeux du cirque, avec les corridas et les courses libres.

Quand deux veuves vont au théâtre

Arles comptait aussi des intellectuels, et il lui fallait d'autres istractions que les exploits de gladiateurs. Son peuple, qui sortait 'une longue nuit, se découvrit un goût très vif pour la chose ttéraire, dont le centre était le théâtre. Celui-ci connut une grande rospérité. La ville entretenait sa propre troupe de comédiens et de agédiens — on a retrouvé une stèle funéraire consacrée à l'un de ses cteurs les plus fameux, Eudoxe.

Construit à la fin du Iᵉʳ siècle av. J.-C., le théâtre d'Arles est ujourd'hui en ruine, mais le peu qu'il en reste révèle le goût artistique de ceux qui l'ont édifié. À la majesté romaine, il joignait la grâce grecque. Large de 103 m, il pouvait rassembler quelque 12 000 spectateurs sur ses gradins — qui, contrairement à ceux de la plupart des théâtres antiques, ne sont pas construits à flanc de coteau — et il était célèbre dans tout le monde romain pour la somptuosité de sa décoration.

Les premières destructions furent provoquées, au Vᵉ siècle, par le fanatisme religieux d'un diacre. Au nom de la morale, il incita ses ouailles à saccager ce lieu de perdition. Les fidèles s'en donnèrent à cœur joie, et la plupart des statues furent abattues. Le théâtre fut laissé à l'abandon, pillé de ses plus belles pierres, recouvert d'habitations et même fortifié, comme l'atteste la curieuse tour de Roland dont les arcades superposées sont visibles du jardin public. Cette prétendue « tour » est tout ce qui subsiste de l'enceinte extérieure du théâtre, et cela aurait disparu comme le reste si le Moyen Âge n'en avait fait un fortin.

▲ L'église Saint-Honorat,
l'un des dix-neuf sanctuaires
qui s'élevaient autrefois
dans les Alyscamps d'Arles.

▲ Une fête provençale
ne se conçoit pas
sans tambourinaires.

Le festival d'Arles

Avignon, Aix et Orange avaient
ouvert la voie. Alors, chaque anné
en juillet (mois dédié à Jules César
son lointain parrain), Arles se souvient qu'elle fut une capitale des a
au temps des Romains et elle offre
au monde un festival unique, tant
par le décor qui lui sert de cadre q
par le choix des festivités. Concer
stages, conférences, fêtes provençales, expositions, opéras, films,
rencontres internationales, danses
succèdent dans ses arènes, son
théâtre antique, ses Alyscamps, se
hôtels séculaires, ainsi que dans le
cloître de l'abbaye voisine de Mor
majour.

Les plus grands noms s'y donne
rendez-vous. Richter y apporte sa
baguette, Montserrat Caballe sa
voix. Yehudi Menuhin y joue du

Au milieu d'un grand nombre de débris émouvants (chapiteaux,
frises, corniches, etc.) se dressent aujourd'hui deux magnifiques
colonnes, l'une de brèche d'Afrique, l'autre de marbre jaune de
Sienne, chapeautées de corinthien, que l'on a surnommées « les Deux
Veuves ». Il ne reste rien d'autre du décor de la scène, dont on devine
l'emplacement limité par la fosse où s'escamotait le rideau.

Les fouilles ont permis de retrouver quelques-uns des trésors
artistiques qui ornaient autrefois l'édifice. Ils sont maintenant au
Musée lapidaire, ou musée d'Art païen, en compagnie d'autres
chefs-d'œuvre arrachés à la terre. Installé dans une ancienne chapelle
du XVIIe siècle, ce musée est l'un des plus riches de France en
souvenirs gallo-romains. À côté de statues précieuses (Silènes
couchés, Saturne Mithriaque, Auguste, danseuses, etc.), il présente
une collection unique de sarcophages des trois premiers siècles de
notre ère, de mausolées, d'autels (dont le grand autel d'Apollon, du
Ier siècle, provenant du théâtre), de corniches, de frises, de cippes et
de mosaïques.

Quo vadis ?

Comme Rome, l'Arles antique était païenne. Et l'Empire romain
portait déjà en lui le virus qui allait le détruire. Un virus importé de
Judée par une bande de fanatiques pauvres et courageux, qui
voulaient changer le monde. Le christianisme faisait tache d'huile,
non sans rencontrer de sérieuses difficultés. Les arènes d'Arles virent
jeter bien des chrétiens aux lions.

Au début du IVe siècle, l'avènement de l'empereur Constantin fit
cesser les persécutions : partisan de la tolérance, le nouveau César
permit aux chrétiens de pratiquer leur religion dans tout l'Empire. On
prétendit qu'une vision l'avait converti. En réalité, il fut un politicien
avisé, sachant ménager les idées triomphantes. À Arles, le succès de
celles-ci fut tel que l'Église catholique romaine décida, à l'instigation
de l'empereur, d'y tenir son premier grand concile, en 314.

Car Constantin était littéralement tombé amoureux d'Arles, et il y
résida à plusieurs reprises. Du somptueux palais qu'il s'était fait
construire au bord du Rhône, il ne reste qu'une partie des thermes,
dite « palais de la Trouille ». Leurs voûtes de pierres, nervurées de
briques, font l'admiration des architectes, et leurs dimensions (98 m
sur 45) donnent une idée de celles du bâtiment qui les abritait.

L'empereur voulut que la ville qu'il aimait fut digne de lui. Il fit
édifier de nouveaux monuments, dessiner de nouvelles places, élever
des basiliques, transformer les Alyscamps, sculpter de nouvelles
statues, et, d'une cité de second plan, il fit une capitale.

Elle le devint en droit un siècle plus tard, en 418, par édit

d'Honorius, dont le préambule rend un dithyrambique hommage à s
situation et à son intense activité économique.

Remplaçant Trèves comme siège du prétoire des Gaules, Arles éta
désormais la deuxième ville de l'Empire d'Occident, après Rome. E
même temps, son archevêque devenait le primat des Gaules.

C'était enfin la consécration.

Plus dure sera la chute

Mais l'irrésistible ascension d'Arles s'effectuait dans un empire e
pleine décadence. La civilisation romaine agonisait sous des Césars d

violon, et Cziffra du piano. On y voit danser Béjart et les ballets de l'Opéra de Stuttgart. La Comédie-Française y côtoie le Magic Circus. Les plus grands guitaristes du monde s'y retrouvent, de Baden Powel à Atahualpa Yupanqui, de Manitas de Plata à Sebastian Morotto.

Tout ce que la ville possède de couleurs, de folklore et de costumes se réunit à la « Grande Pégoulade provençale » et à la « Fête du costume », ainsi qu'à l'apothéose tauromachique de la « Cocarde d'or », dans les arènes. Des manifestations internationales de photographie coïncident avec les expositions de peintures voulues par Picasso et rendant hommage au maître disparu, à Lucien Clergue, à César ou à Manessier.

Grâce à cette diversité et à cette richesse, le festival d'Arles est devenu l'une des toutes premières manifestations annuelles du genre. ■

Le costume de l'Arlésienne

On confond souvent le véritable costume de l'Arlésienne avec les froufrous très ordinaires qu'agitent certaines demoiselles de groupes dits « folkloriques » devant les caméras de la télévision. Le véritable costume de l'Arlésienne, immortalisé par Van Gogh, est plus grave et plus somptueux dans sa simplicité.

Il exige tout un art. Sur la jupe longue et étroite, le plus étonnant est sans doute, comme le notait dès 1861 Joseph Canonge, « l'ajustement des trois fichus de soie, de gaze et de dentelles qui drapent le buste avec une habileté de plis capable de désespérer le plus ingénieux statuaire. Quelques épingles suffisent pour construire un merveilleux édifice. Mais tout consiste dans l'art de placer les épingles, et c'est l'évasement du fichu autour du cou, c'est la direction des plis qui fait reconnaître une Arlésienne entre cent Provençales dont la préoccupation constante est cependant de surprendre ses secrets et d'imiter sa désespérante perfection ».

La poitrine ainsi drapée se nomme « la chapelle », sans doute parce qu'il était jadis d'usage d'y suspendre un reliquaire. De nos jours, l'Arlésienne porte une fine croix d'or ou d'argent. L'hiver, elle couvre ses épaules d'un châle qui lui moule le buste.

Quant à la coiffe, dressée comme un diadème d'impératrice sur des cheveux formés en chignon, elle est

▲ Le costume de l'Arlésienne cache une grande subtilité dans l'art du drapé.

*Glanum :
le portique de la « maison des Antes »,
vaste demeure de type grec,
qui comportait deux étages.*

plus en plus débiles. Déjà ses frontières craquaient sous la pression des Barbares. À peine le dernier des empereurs d'Occident, le lamentable Romulus Augustule, eut-il abdiqué, en 476, que les Wisigoths n'eurent qu'à se présenter pour devenir les maîtres de la ville, qui souffrit beaucoup de cette nouvelle domination.

La grande aventure était terminée. Arles, pour subsister, n'eut plus qu'à faire le gros dos sous ses maîtres successifs, mais jamais elle n'oublia son ancienne puissance, symbolisée par le lion de ses armes.

« Métropole d'un empire, disait Raymond Poincaré dans un discours prononcé dans les arènes, capitale d'un royaume, matrone de la liberté, la ville du lion a été, comme dit votre grand Mistral, tout ce que peut être une ville, et, aujourd'hui, elle est assise au bord du Rhône, comme une reine vénérée, à l'ombre de sa gloire et de ses monuments. »

Mistral, il est là, en bronze, au cœur de la vieille ville, au milieu de la charmante place du Forum, entouré d'une grille dont les barreaux ont la forme du trident des gardians camarguais. Non loin, dans un hôtel gothique du XVIᵉ siècle, le Museon Arlaten, qu'il fonda et auquel il consacra le montant de son prix Nobel de littérature, atteste l'amour qu'il portait à la ville. Le Museon est le modèle des musées d'art et de traditions populaires. Tout ce qui se faisait, se disait ou se voyait — et se voit encore — en Provence se trouve là. Mistral lui donnait beaucoup de temps et, sur certaines étiquettes, on peut encore découvrir la fine écriture du maître de Maillane.

Arles, où sont les Alyscamps

Si Arles-la-Romaine mourut à l'arrivée des Barbares, Arles-la-Chrétienne resta un grand centre religieux pendant tout le Moyen Âge. De la foi médiévale, elle a conservé deux émouvants témoignages : l'église Saint-Trophime, joyau du style roman-provençal, et la célèbre promenade des Alyscamps.

Lorsqu'on évoque les Alyscamps, on pense aussitôt au célèbre tableau que Van Gogh peignit en 1888. C'était en effet un site bien propre à inspirer l'artiste, non seulement par l'ordonnance, la beauté, l'étrangeté de ses monuments, mais aussi par les souvenirs qui s'y attachent et par la lumière qui le baigne.

Avant de devenir un haut lieu de la chrétienté, les Alyscamps, ou Champs Élyséens, commencèrent par être une nécropole païenne très en vogue. Les riches Romains faisaient déposer leur sarcophage de marbre le long de la *via Aurelia,* à l'entrée de la ville. À partir du IVᵉ siècle, les chrétiens leur succédèrent et agrandirent considérablement le cimetière. Jusqu'à la fin du Moyen Âge, ils y ensevelirent leurs morts, les entassant par milliers en couches superposées, et y firent édifier 19 chapelles et églises.

L'endroit passait pour béni par saint Trophime et par le Christ en personne, lequel avait laissé comme trace de son apparition l'empreinte de son genou dans le roc. Pendant des siècles, le nombre des pèlerins et des familles de la région qui s'y firent inhumer fut considérable. On prétend même qu'une confrérie se chargeait de recueillir, le long des berges du Rhône, les morts que les villes riveraines lâchaient au fil des eaux à son intention : les corps étaient, dit-on, enfermés dans un tonneau enduit de poix et portaient l'obole destinée à acquitter le « droit de mortellage ».

Les Alyscamps ont payé un lourd tribut au monde moderne. À partir du XVIᵉ siècle, les potentats locaux prirent la détestable

« à ganse » et varie avec l'âge : nœud de dentelle noué au-dessus du front, en ailes de papillon, pour les jeunes filles; large ruban pour les femmes.

Cette coiffure implique évidemment que l'Arlésienne porte les cheveux longs. Les exigences de la vie moderne, qui coupe les cheveux des filles, tueront-elles la coiffe d'Arles? Des essais ont été tentés avec des perruques : ce fut un fiasco... ■

Les moulins de Daudet

À quelques kilomètres d'Arles, dans un paysage baigné par une lumière grecque, se trouve le ravissant village de *Fontvieille*, qui connut jadis la célébrité grâce à des carrières dont la pierre était très demandée.

▲ *Les trophées de l'arc de triomphe d'Orange, thème de décoration typique de l'art romain.*

▲ *Le moulin de Daudet, près de Fontvieille, abrite un petit musée consacré à l'écrivain.*

Aujourd'hui, Fontvieille a un autre titre de gloire : elle possède le « véritable » moulin de Daudet, tout en haut d'un mamelon piqué de pins fourchus et agrémenté de cigales qui ont tant de couleur locale qu'on les croirait fournies par le syndicat d'initiative.

Ce moulin, dont le mécanisme est encore en ordre de marche, fut restauré en 1938 et transformé en musée Daudet, où sont présentés quelques souvenirs du grand écrivain provençal.

Naturellement, Daudet ne posséda jamais de moulin, et les fameuses *Lettres de mon moulin* furent rédigées à Paris. Mais il est exact qu'il venait souvent se reposer à Fontvieille, au mas de Montauban, et qu'il aimait aller rêver au pied des moulins de la région, qui étaient alors fort nombreux.

Creusé au flanc de la colline Saint-Eutrope, le théâtre antique d'Orange,
▼ *le mieux conservé du monde.*

habitude d'offrir un sarcophage aux personnes qu'ils voulaient honorer. De leur côté, les moines chargés d'entretenir le cimetière consacraient beaucoup de « vieilles pierres » à des constructions nouvelles. Au XIXe siècle, heureusement, on entreprit de sauver ce qui pouvait encore l'être. C'était bien peu de chose, en comparaison des trésors disparus, mais la collection de sarcophages du musée d'Art chrétien, qui abrite aujourd'hui ces reliques, n'en est pas moins la deuxième du monde, après celle du musée du Latran, à Rome.

Le dernier coup fut porté aux Alyscamps par l'installation du chemin de fer, qui les coupa en deux, et d'ateliers de réparation, heureusement dissimulés par un rideau de grands arbres. De toutes les chapelles, il ne reste pratiquement plus, aujourd'hui, que le chœur et le clocher de l'église Saint-Honorat, et la prestigieuse nécropole se réduit à une allée de sarcophages dont la mélancolie donne une idée de la grandeur passée.

Une ville sous la terre

Au pied des Alpilles, dont les sommets déchiquetés semblent mordre à même le ciel bleu de leurs dents de pierre nue, une petite ville paisible, spécialisée dans le commerce des graines, sommeille sous les platanes et les micocouliers. Jusqu'à la fin de la Première Guerre mondiale, Saint-Rémy-de-Provence ne s'était signalée à l'attention des curieux qu'en donnant le jour à Nostradamus et en recevant dans son asile le malheureux Van Gogh. Les seuls vestiges romains que l'on y connaissait étaient deux remarquables monuments, un arc et un mausolée situés en dehors de l'agglomération, sur le plateau des Antiques, dans un cadre enchanteur d'amandiers graciles et d'oliviers noueux.

Le mausolée, haut de près de 20 m, est le mieux conservé de ceux que nous ont légués les Romains. Sous la coupole qui couronne son troisième étage, on aperçoit, entre les colonnes corinthiennes, deux hommes drapés dans leur toge : Caius et Lucius, les petits-fils d'Auguste, prématurément enlevés à l'affection de leur grand-père. Les bas-reliefs qui décorent la base du monument illustrent des scènes légendaires, présentant une analogie avec le tragique destin des jeunes princes. Miraculeusement échappé à la furie destructrice des hommes, ce pieux cénotaphe, qui date du Ier siècle de notre ère, paraît quasiment neuf. Il n'y manque que la pomme de pin qui se dressait au sommet.

L'arc — qui n'est pas « de triomphe », mais « municipal », puisqu'il fut élevé pour célébrer la fondation d'une ville et non la victoire d'un général — est un peu plus ancien et beaucoup moins bien conservé que le mausolée. Son arcade unique, haute de 7,50 m, est décorée de

fruits, et les sculptures des deux faces, bien que très dégradées, sont d'une qualité qui révèle une influence grecque.

Ces deux magnifiques témoignages de l'occupation romaine dormaient depuis des siècles dans leur solitude quand, brusquement, en 1921, la campagne environnante révéla qu'elle cachait sous son herbe rare une véritable ville, l'antique Glanum. Depuis, les fouilles ont mis au jour les vestiges de constructions datant de trois époques distinctes, la première hellénistique, la deuxième contemporaine de l'occupation de la Provence par les légions de Marius (102 av. J.-C.), la troisième enfin s'étendant de la prise de Marseille par César (49 av. J.-C.) au sac de la cité par les Germains (vers 270).

L'origine de la ville remonte à la préhistoire. Elle s'est édifiée autour d'une source sacrée, antique lieu de pèlerinage, qui alimente encore aujourd'hui la piscine construite par les Romains. Remparts, porte fortifiée, forum, temples, thermes, maisons d'habitation, boutiques, c'est toute une petite cité qui surgit peu à peu de terre

À tel point que, aujourd'hui, on peut visiter, à quelques kilomètres du «véritable» moulin de Daudet, l'«authentique» moulin de Daudet...

Non loin de là, les ruines de deux aqueducs romains se dressent au milieu des vignes. Celui qui alimentait Arles en eau pure est sans grand intérêt, mais le second est peu commun. Il se prolonge par un canal taillé dans le roc, au flanc d'une falaise. Par un système de chutes superposées, ce canal faisait tourner une batterie de seize moulins à eau. Cette installation quasi industrielle est appelée «minoterie gallo-romaine de Barbegal». ■

▲ *Le canal, taillé en plein roc, qui faisait tourner les moulins de la minoterie gallo-romaine de Barbegal.*

▲ *À Vaison-la-Romaine, le vieux village perché, longtemps abandonné, reprend vie peu à peu.*

La scène du théâtre antique de Vaison-la-Romaine, adossé à une colline,
▼ *a été creusée dans le rocher.*

et dans laquelle il faut flâner longuement. Des sculptures, des bas-reliefs, des mosaïques (souvent d'inspiration grecque) donnent une haute idée du niveau de vie de ses habitants. Les objets, les bijoux, les inscriptions antiques, les chapiteaux sont groupés dans le dépôt archéologique de Saint-Rémy, aménagé dans le cadre Renaissance de l'hôtel de Sade. On peut y admirer de très belles sculptures gallo-grecques et gallo-romaines.

Derrière les Antiques, l'ancien prieuré de Saint-Paul-de-Mausole, transformé en maison de santé, perpétue le souvenir du passage de Vincent Van Gogh en conservant quelques reproductions de ses œuvres. Plus intéressants sont la chapelle romane et le ravissant petit cloître du XIIᵉ siècle, avec ses voûtes en berceau.

La plus belle muraille du royaume

Dans la fertile vallée du Rhône, entre le fleuve majestueux et les crêtes acérées des Dentelles de Montmirail, Orange bourdonne gaiement au soleil, au milieu des vignes et des vergers. Du haut de la colline Saint-Eutrope, dont le sommet est occupé par un beau jardin public, on domine la ville et on aperçoit au loin les installations atomiques de Marcoule et, de l'autre côté, la pyramide du Ventoux.

Fondée au Iᵉʳ siècle av. J.-C. par les vétérans de la 2ᵉ légion de Jules César, riche, active, quatre fois plus peuplée qu'elle ne l'est actuellement, Orange, qui s'appelait alors *Arausio*, posséda tous les monuments d'une grande cité romaine. Mais les Barbares qui la ravagèrent n'en ont laissé subsister que deux.

Le théâtre antique, qui date du règne d'Auguste, est le mieux conservé de tous ceux qui sont parvenus jusqu'à nous : c'est le seul qui possède encore son mur de façade. Long de 103 m, haut de 36 m, sobrement orné d'une simple rangée d'arcades figurées dans l'appareil, ce mur est si imposant que Louis XIV l'appelait «la plus belle muraille du royaume».

L'intérieur est en moins bon état, mais il présente cependant une autre «exclusivité» : c'est le seul théâtre antique dans lequel la colossale statue de l'empereur, qui ornait le centre du mur de scène, est encore en place. Du reste de la décoration, il ne subsiste que quelques éléments, mais ils permettent de se faire une idée de la somptuosité de l'édifice à l'époque où 11 000 spectateurs se pressaient sur ses gradins. Ceux-ci, construits à flanc de coteau, n'ont été que partiellement restaurés. Ils offrent encore quelque 7 000 places, desservies par deux escaliers «d'époque», un de chaque côté de la scène. Toutes jouissent d'une acoustique que bien des théâtres modernes pourraient leur envier, comme peuvent en témoigner les spectateurs de plus en plus nombreux qui se pressent chaque année, à

la fin du mois de juillet, aux «Nouvelles Chorégies» d'Orange.

L'arc de triomphe, qui commémore la victoire de César sur les Marseillais, est un des plus grands que les Romains aient édifiés. C'est aussi l'un des mieux conservés, malgré les dégradations que les hommes lui ont infligées. En l'occurrence, il ne s'agissait pas seulement des Barbares. Les princes d'Orange avaient incorporé le bâtiment à leur château, et l'on distingue sous les arcades la trace des planchers et des escaliers qu'ils avaient fait aménager.

Les sculptures, bien que très abîmées, sont encore fort belles. Des trophées, des accessoires maritimes, des fruits, des fleurs, des bas-reliefs représentant des combats, des légionnaires ou des captifs enchaînés, concourent, avec les colonnes cannelées, les chapiteaux corinthiens et les voûtes à caissons, à former un ensemble d'une rare élégance.

Vaison-la-bien-nommée

Non loin du mont Ventoux, dans un cirque de collines verdoyantes, au bord d'une petite rivière qui se donne des allures de torrent sur son lit de galets, une très vieille dame poursuit allègrement une longue existence pourtant pleine de vicissitudes.

Car Vaison-la-Romaine, comme son nom l'indique, a connu son apogée sous les Romains, qui en avaient fait la ville la plus importante de la région. Ravagée par les Barbares, saccagée par les comtes de Toulouse, pillée par les bâtisseurs de toutes les époques, elle n'a

▲ *Ruines mélancoliques
dans les Alpilles
qui virent défiler
tant de civilisations.*

Arles ▶
et la Provence romaine.

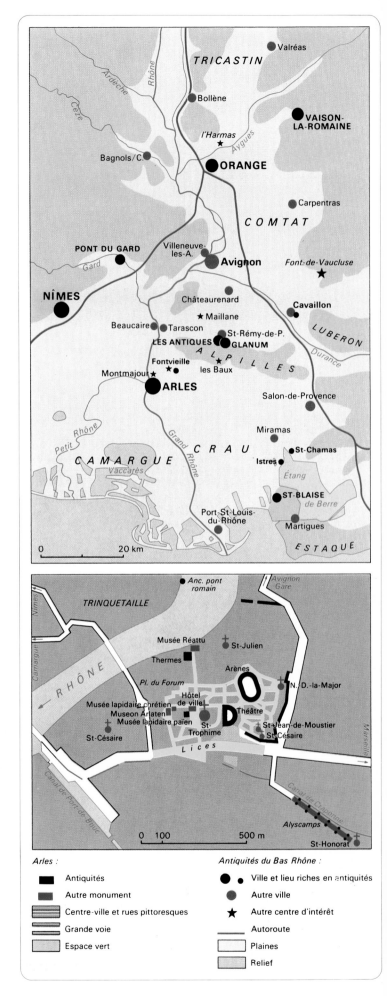

commencé à revivre qu'au XVIIIe siècle, quand ses habitants sont descendus du piton sur lequel ils s'étaient réfugiés, à l'abri du château fort, pour s'établir à nouveau dans la plaine. Entre la pittoresque ville haute et la nouvelle, qui fut aussi celle des Romains, un pont romain intact, à une seule arche, en service depuis vingt siècles. Épargné parce qu'il était utile, alors qu'il ne reste que des ruines de la cité antique, il prouve que, comme l'a si bien dit Prosper Mérimée, « il n'y a que l'homme qui puisse venir à bout d'un monument romain ».

Il n'y a aussi que l'homme qui puisse lui redonner vie. Depuis le début du siècle, des fouilles méthodiques, malheureusement limitées par les constructions nouvelles, ont fait surgir du sol le théâtre antique et deux quartiers d'habitation.

Adossé à une colline, le théâtre est relié au versant opposé par un long couloir creusé à même le roc. Toute la façade a disparu, mais la scène, les fosses de la machinerie ainsi que les vomitoires (passages par où sortaient les spectateurs), également creusés dans le roc, ont subsisté. Chaque été, depuis vingt ans, on y donne des représentations théâtrales et, tous les trois ans, les « Choralies internationales » attirent sur les gradins des amateurs de musique et de chant venus du monde entier.

Dans les quartiers romains, on trouve des rues dallées, une promenade publique — le portique de Pompée — et les vestiges de nombreuses demeures. Ces dernières vont des somptueuses villas de patriciens aux immeubles de rapport occupés par les citoyens moins fortunés. Çà et là, on découvre une mosaïque, des canalisations, un bassin, des latrines...

Dans le quartier de Puymin, un très beau et très moderne musée souterrain, aménagé tout récemment pour ne pas nuire à l'esthétique du site, abrite les statues et les objets divers retrouvés au cours des fouilles. On peut notamment y admirer quatre grandes statues de marbre provenant du théâtre, une tête de Vénus en marbre blanc, un curieux buste d'homme en argent, des bijoux d'or, des monnaies, etc.

L'ancienne cathédrale Notre-Dame-de-Nazareth, dont l'abside mérovingienne s'appuie sur des fragments de colonnes romaines, a été remaniée au XIe et au XIIIe siècle. Elle communique avec un très beau cloître roman dont les galeries abritent un petit musée lapidaire.

Quant à la chapelle Saint-Quenin, qui s'élève en dehors de l'agglomération, elle est si originale, avec son abside triangulaire et sa décoration de style antique, qu'elle a longtemps plongé les archéologues dans la perplexité. On a d'abord pensé qu'il s'agissait d'un ancien temple de Diane modifié. On croit maintenant qu'elle date du XIIe siècle et que certains éléments plus anciens ont été incorporés à sa construction. Mais il se pourrait aussi que son ornementation ne soit qu'un reflet de l'influence romaine qui, malgré les dévastations des Barbares, subsista longtemps dans toute la Provence.

terres et eaux mêlées

le triangle sacré
de la Camargue

La saladelle,
▼ *fleur du gardian.*

*Terre d'élection d'une vie intense encore préservée
de l'emprise de l'homme,
le sol camarguais est fief de la nature.
Il porte en lui mille secrets et, tel un vieux grimoire,
se déchiffre peu à peu
à travers l'exaltante immensité de ses horizons, où
vents et eaux disputent d'interminables combats.*

Manade de chevaux camarguais dans les marais.

Les flamants roses ▼ en Camargue.

Ces vastes étendues,
qui semblent avoir échappé au temps,
favorisent l'éclosion du mythe.
Le taureau y a pris rang de divinité :
sa majestueuse et noire silhouette est partout présente
au milieu d'une végétation tout en demi-teintes,
qui ne lui fournit pourtant qu'une maigre pâture.
Solitaire ou en manade,
lou biòu *règne en seigneur et maître.*

4. Camargue

Taureaux près du mas
de Fiélouse.

Manade de taureaux
▼ dans les marais.

L'homme paraît
n'être là
que pour servir l'animal,
et il a su s'adapter
à la vie rustique
qu'exigeait de lui
ce monde farouche.
Au gardian,
la Camargue a, en partie,
livré la clé de son mystère,
mais ses espaces
humides et silencieux
portent au rêve
et à la contemplation.

▲ *« Cow-boy » de la Camargue,*
le gardian...

◀ *Toit de « sagno »,*
murs de torchis,
une maison de gardian.

*Dans cette terre sauvage
dont le temps n'a point entamé la magie,
les «fils du vent» se sont reconnu une «patrie».
Aux accents rauques et colorés de leur musique
répond cette rumeur incantatoire,
mélange de joie simple et de fruste mystique,
qui caractérise, depuis des siècles,
les pèlerinages à Saintes-Maries-de-la-Mer.
Captivante Camargue,
où l'implantation humaine a su s'accorder
aux beautés naturelles du delta.
À travers les pittoresques cités
sises sur son pourtour,
elle conserve l'empreinte de son passé.*

Habitation traditionnelle
▼ *des gitans : la roulotte.*

Une «fille du vent». ▶

▲ *Objet de la ferveur des gitans,
la châsse des Saintes-Maries.*

*La célèbre église-forteresse
de Saintes-Maries-de-la-Mer*

*Manade d'Aubane
en petite Camargue*

▲ *Domaine du soleil et du vent, la Camargue a pourtant ses oasis de verdure,* *près des « roubines » le long desquelles poussent des roseaux.*

*L*es vastes horizons camarguais que Mistral évoqua avec tant de bonheur, il nous semble les connaître sans les avoir jamais contemplés. *Chants palustres* d'un Joseph d'Arbaud, descriptions poétiques d'un Alphonse Daudet, d'un Henri Bosco ou d'un Jean Giono, œuvres de nombreux peintres (Carzou, Brayer et tant d'autres), que de chantres pour cette terre d'immensité sur laquelle l'homme paraît n'avoir point de prise! Jusqu'au cinéma qui la célébra à sa manière, comme dans le très beau *Crin-Blanc* d'Albert Lamorisse (1952), ou qui trouva dans ses paysages un cadre propre à des aventures de style américain, des westerns de Joë Hamman à, plus près de nous, *D'où viens-tu Johnny?*

Cependant, il est en elle un mystère qu'aucun mot, fût-il en langue provençale, qu'aucune image, aussi réussie soit-elle, ne peuvent nous transmettre. C'est au contact même de ses étendues d'eau, de sel et de sable, traversées de routes qui sinuent parmi les creux et les monticules d'un relief à peine ondulé, que sa beauté étrange se laisse appréhender. Se révèle alors, par-delà l'immobilité et le silence, un petit univers grouillant de vie, riche de tout ce dont la civilisation du progrès tend à nous priver, un milieu presque inviolé, mais qui doit lutter pour survivre. Car, juste à ses portes, se dressent les plus vivants témoignages de notre monde moderne : à l'est, le complexe industriel et portuaire de Fos-sur-Mer, l'« Europort de la Méditerranée »; à l'ouest, l'impressionnant ensemble touristique du littoral Languedoc-Roussillon. Mais la Camargue, paysage d'exception, vit encore en marge, fidèle à de longues traditions de liberté.

Longue lutte entre terre et eau

La Camargue est une plaine humide qui s'étale à perte de vue; aucun point du delta n'atteint plus de 4,50 m au-dessus du niveau de la mer. En 1838, Stendhal comparait à la Zélande (Pays-Bas) ces terres alluviales nées des apports du Rhône, dont le cours changea maintes fois de lit tout au long des siècles. La lutte entre l'eau et la terre en modifia lentement la configuration, surtout dans la partie méridionale. C'est ainsi que des étangs devinrent des déserts, alors qu'ailleurs surgissaient des cordons de sable *(theys)* autour d'une épave ou d'une racine. Surprenants phénomènes, auxquels le bourg de Saintes-Maries-de-la-Mer, qui, au Moyen Âge, se trouvait à plusieurs kilomètres de la côte et, en 1814, à 600 m, doit d'avoir aujourd'hui l'eau à ses pieds. Selon le processus inverse, la tour Saint-Louis, sémaphore construit en 1737 par les Marseillais à l'embouchure même du Rhône, se dresse, de nos jours, étrangement isolée, à 9 km de cette embouchure et à 5 de la mer. Ici, avec son énorme apport de limons, le Rhône fait progresser la terre; là, érodé par les vagues ou

s'affaissant par le poids même des sédiments, le rivage recule devant la Méditerranée.

Pourtant, dans leur ensemble, les contours du delta sont fixés depuis 1711. Enserrée par le Grand Rhône à l'est et le Petit Rhône à l'ouest, la Camargue étend ses 74 262 ha sur un triangle dont les sommets sont Saintes-Maries-de-la-Mer, Port-Saint-Louis-du-Rhône et Arles, dont elle dépend administrativement. Dans une optique moins officielle, plus soucieuse de conserver une unité à la terre camarguaise, on s'accorde à repousser ces frontières en englobant, à l'ouest, les 40 000 ha de la Petite Camargue (au sens large) et, à l'est, les 13 775 ha correspondant à l'île du Plan du Bourg. On situe donc ses limites, d'un côté, aux rives de l'étang de Mauguio, de l'autre à la lisière des espaces caillouteux de la Crau et à Fos-sur-Mer.

Une « plaine salée » aménagée

Région naturelle, la Camargue jouit d'un climat spécifiquement méditerranéen. L'été est sec et brûlant. L'hiver connaît de douces températures lorsque ne souffle pas le mistral, qui y atteint d'ailleurs une rare violence et soulève en tempête les eaux du Vaccarès. Mais, au sein de la Provence, cette « plaine salée » fait figure de privilégiée : les journées d'ensoleillement y sont très nombreuses (300 par an à Saintes-Maries) et les pluies semblent l'épargner (environ 450 millimètres par an seulement). À ce climat de contrastes, à ces terres amphibies et salées, faune et flore ont dû s'adapter : cette plaine presque rase possède une étonnante diversité de paysages qu'on ne voit pas ailleurs.

L'homme a imprimé sa marque dans le nord et en bordure des segonnaux (sol alluvionnaire s'étendant entre les anciens lits du Rhône et la levée de terre faisant digue) : il a « désengané », desséché, puis irrigué les sols. Asperges, céréales ou luzerne, vignobles, vergers et surtout, uniques en France, les rizières, se sont substitués à la végétation primitive. En 1942, la riziculture touchait une superficie de 200 ha; depuis, son essor a été fulgurant et, aujourd'hui, plus de 20 000 ha lui sont consacrés, qui suffisent largement à la consommation nationale. Avec le riz, la Camargue développa rapidement son économie — jusque-là fondée sur le sel —, en même temps qu'elle prenait un nouveau visage; on put en effet ajouter à son « folklore » les scènes quelque peu « asiatiques » du repiquage du riz à la main, ici interprétées par une main-d'œuvre saisonnière espagnole, en grande partie originaire de Valence. Cependant, la mécanisation va croissant, et ce travail pénible dans la boue des casiers tend à être remplacé par celui de la machine.

Pour découvrir la vraie Camargue gardiane, il faut aller vers le sud.

Les « oiseaux de flamme »

Fleuron de la Camargue, les flamants roses sont des animaux sociables. Ils vivent en colonies comprenant jusqu'à 10 000 et même 15 000 individus. Leur couleur rose est due à un pigment provenant de leur nourriture. En captivité, leur teinte s'évanouit. De leur bec puissant, une véritable dague, ils fouillent profondément les vasières, leur langue épaisse filtrant la boue et ne retenant que vers, coquillages et crustacés. Ces grands oiseaux — ils peuvent atteindre plus de 1,50 m d'envergure — ne se plaisent qu'en terrain découvert. Des guetteurs donnent l'alerte à la première menace. Les flamants se redressent et, dans un concert de cris rauques et de « coups de trompette », se mettent gauchement en mouvement, courant tout en battant des ailes jusqu'à l'envol. Dans l'air, ce sont de bons voiliers (vitesse maximale : 50-60 km/h), qui planent à la recherche des courants ascendants.

Les flamants sont peu prolifiques. Les femelles ne pondent qu'à partir de l'âge de cinq ans, et jamais plus d'un œuf par an. Les oiseaux restent en colonies pour nidifier. Au moindre incident, ils désertent leur nid, et leurs couvées sont anéanties par les goélands argentés ; 60 p. 100 des oisillons périssent ainsi. Les oiseaux de flamme vivent heureusement fort longtemps (trente-deux ans en milieu protégé), car, sans cette longévité, il est probable que leur espèce serait éteinte. ■

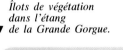
*Vol de flamants roses,
joyaux de la Camargue.*

*Îlots de végétation
dans l'étang
de la Grande Gorgue.*

Là règne la *sansouire* : 36 000 ha de surfaces argileuses à forte salinité. Inondée à la moindre pluie, elle prend, au moment de la sécheresse estivale, un aspect presque inquiétant, vaste désert craquelé sur lequel pèse un lourd silence. La végétation ne s'y plaît guère, excepté quelques plantes halophiles, telles la verte obione, les arroches, les salicornes ou enganes qui s'empourprent à l'automne, la saladelle, ou lavande de mer, qui égaie de violet les blanches efflorescences salines et qui, aux yeux des Camarguais, a pris valeur de symbole. Devenue l'emblème du gardian, elle est à l'honneur lors de toutes les grandes fêtes du delta.

Ni arbre, ni ombre, ni âme

C'est ensuite la zone des étangs et des marais, 19 000 ha où s'accuse la fusion entre les éléments : eau et terre s'y mêlent en une majestueuse harmonie qui contraste avec l'infini dénuement de la sansouire. De toutes ces nappes intérieures, la plus belle est sans conteste le Vaccarès, vaste de 6 480 ha et profond au maximum de 1,60 m. Jadis, il était plus large, et communiquait avec la Méditerranée. Aujourd'hui, « ce lac salé est une petite mer qui semble un morceau de la grande, enfermé dans les terres et devenu familier par sa captivité même. Au loin de ce dessèchement, de cette aridité qui attristent d'ordinaire les côtes, le Vaccarès, sur son rivage un peu haut, tout vert d'herbe fine, veloutée, étale une flore originale » (A. Daudet, 1869). D'immenses nappes de roseaux bruissent dans le vent. Osiers et ajoncs fournissent le *sagno* qui sert à confectionner des paniers, à rempailler des sièges ou à couvrir les maisons des gardians. Des milliers de tamaris au léger feuillage jaillissent et, loin d'être de simples arbrisseaux, atteignent jusqu'à 8 m de hauteur parfois : ils servent alors d'observatoire aux gardians pour surveiller le bétail. Et des tapis de chardons bleus couvrent le sable...

Mais il n'y a qu'un vrai bois, d'autant plus mystérieux qu'il est inaccessible au touriste : le bois des Rièges. Alignant ses sept îlots sableux (nommés *radeaux*) sur 360 ha entre le Vaccarès et les étangs inférieurs, il offre aux amis de la nature un véritable paradis tant végétal qu'animal. Lentisques, salsepareilles, faux oliviers, alaternes, romarins sauvages y forment de denses fourrés avec « lou mourven », le genévrier de Phénicie *(Juniperus phoenicia)*, espèce très rare dont certains plants sont vieux de plusieurs siècles. C'est au printemps qu'il faut voir le bois où fleurissent, en un tapis merveilleusement coloré, asphodèles, iris, narcisses...

À l'extrême sud, au pied de la « Digue à la mer » qui, sur 40 km, relie Saintes-Maries-de-la-Mer à Salin-de-Giraud, à travers les étangs inférieurs (4 185 ha d'eaux salées), s'étend toute une zone de boue et

Les saintes Maries

Il n'y a pas une, mais plusieurs légendes relatant les circonstances dans lesquelles un mystérieux débarquement se serait produit en Camargue, vers l'an 40 de notre ère, soit une douzaine d'années après la mort du Christ. Poussée par les vents, une barque sans rames ni voile vint s'échouer à proximité de l'oppidum Râ, qui surveillait l'embouchure du fleuve. À bord se trouvaient entassés des réfugiés de Palestine : Marie Jacobé, sœur de la Vierge, Marie Salomé, mère des apôtres Jacques et Jean, leur servante noire Sara l'Égyptienne, Lazare le ressuscité, Marie-Madeleine et Marthe, Maximin et Sidoine.

Suivant la version « officielle », Marie Jacobé, Marie Salomé et Sara se fixèrent en Camargue et y fondèrent la première communauté chrétienne des Gaules, tandis que leurs compagnons s'en allaient évangéliser la Provence. Un oratoire fut élevé à l'endroit même où vécurent les saintes Maries. Une première église lui succéda, puis, au XIIᵉ siècle, l'église romane que nous connaissons : Notre-Dame-de-la-Mer. Elle a revêtu son aspect défensif au XIVᵉ siècle et a subi maintes restaurations, dont la dernière en 1864. On y admire une nef du plus pur style provençal, une abside que rehausse une tour de guet polygonale (XIIIᵉ-XIVᵉ s.), transformée en chapelle pour abriter les reliques de Marie Jacobé et de Marie Salomé. Le grand vaisseau de ce sanctuaire est, par sa rigueur architecturale et sa sobre beauté, une invitation au silence et au recueillement. De son passé d'église-forteresse subsiste

aussi le chemin de ronde, qui offre une vue magnifique sur le « plat pays » alentour. Enfin, comment ne pas rattacher à son histoire la tragédie de Mireille, telle que l'imagina Mistral, telle que la mit en musique Gounod, avec, devant Notre-Dame-de-la-Mer, la mort de l'héroïne, frappée par le soleil.

Les restes des saintes auraient été découverts dans l'église primitive en 1448. Les châsses les renfermant disparurent sous la Révolution et durent être remplacées en 1797. Notre-Dame est aujourd'hui un haut lieu de pèlerinage. Deux fois dans l'année, les 24 et 25 mai et le dimanche le plus proche du 22 octobre, dates fixées par ordonnance de l'évêque de Marseille le 7 janvier 1449, les reliquaires sont exposés aux regards des pèlerins, gitans pour la plupart, venus de

▲ *Sobre et peu éclairée, la nef unique de Notre-Dame-de-la-Mer.*

Sur les bords de l'étang du Charnier,
▼ *en petite Camargue.*

de sel, inaccessible sinon à cheval, le long d'une côte mouvante, qui avance annuellement de 15 m à la pointe de l'Espiguette; elle est jalonnée par les phares de la Gacholle, de Beauduc et de Faraman, le plus haut (40,70 m) et le plus ancien, reconstruit à deux reprises à la suite de l'avancée des eaux, et qui domine près de 10 000 ha d'étangs et de bassins voués à l'exploitation du sel. Cette Basse Camargue aux dunes mobiles, dont il faut admirer le spectacle grandiose à la pointe de Beauduc, aurait pour seuls occupants les oiseaux aquatiques si, l'été venu, la plage n'était envahie, sur des lieues et des lieues, par le désordre d'un camping qui s'intitule sauvage.

Enfin, il faut évoquer, face aux étendues solitaires, la beauté plus riante de la végétation au bord des *roubines*, ces canaux d'irrigation où se désaltèrent les taureaux, le long des *lônes* (anciens lits du Rhône) ou des cours d'eau qui vont ensuite se déverser dans la mer par de petites baies, ou *graus*, comme le grau du Roi au sud d'Aigues-Mortes, ou le grau d'Orgon à l'embouchure du Petit Rhône. L'ormeau principalement, mais aussi l'iris jaune, les typhas — ces étranges roseaux qui ressemblent à des cigares —, les phragmites aiment ces endroits où l'eau est douce ou peu salée.

« Ni arbre, ni ombre, ni âme », écrivait Mistral. Pourtant, bien que brûlée par le soleil, balayée par les vents, envahie par les eaux, elle a ses « oasis », et une vie bien plus foisonnante qu'il n'y paraît.

Où l'écologie fait loi

Il y a, en réalité, peu de temps que les richesses naturelles de la Camargue ont été prises en considération, et que l'on s'emploie à préserver un équilibre écologique, compromis à la fois par l'extension des rizières et des salins, et par le développement d'un tourisme trop peu attentif à la sauvegarde de la nature.

Voici presque un demi-siècle, en 1928, la « Société nationale de protection de la nature et d'acclimatation de France » constituait, sur 13 000 ha appartenant à la compagnie Alais, Froges et Camargue — maintenant Pechiney —, la « Réserve naturelle du Vaccarès ». Sa superficie a été réduite, mais la réserve survit avec son lot d'interdictions (un laissez-passer est obligatoire pour s'y rendre); y sont donc prohibés « toute chasse, toute capture d'animal, mort ou vivant, la récolte des œufs, toute coupe de bois, même mort, tout prélèvement de végétaux ». Si la chasse y est interdite, la pêche l'est également, et seuls quelques indigènes privilégiés ont accès aux étangs pour y capturer, de leur *beto* (embarcation à fond plat que l'on propulse à l'aide d'une longue perche), les sandres et les célèbres anguilles camarguaises. Le territoire de cette réserve zoologique et botanique comporte, outre le Vaccarès dans sa quasi-totalité, la zone

des étangs inférieurs et le bois des Rièges, immense surface inaccessible au commun des mortels.

C'est en 1950, d'autre part, et sous l'effet d'une initiative privée, que fut créée la tour du Vallat, à l'est du Vaccarès. Elle est l'œuvre du Dᵣ Luc Hoffmann, un scientifique suisse qui s'éprit de la Camargue dès son premier contact avec elle et décida de lui consacrer ses recherches. La station biologique (2 000 ha), rattachée au Centre national de la recherche scientifique (C.N.R.S.), s'oriente plus particulièrement vers l'étude des oiseaux et de leurs mouvements migrateurs au-dessus du delta.

Enfin, à l'échelon national, dès le vote du décret du 1ᵉʳ mars 1967 promulguant la création officielle de « parcs naturels régionaux » en France, on se pencha sur le cas de la Camargue, alors à la merci de graves perturbations hydrologiques et biologiques : il s'agissait de protéger un espace naturel exceptionnel, l'un des plus remarquables de l'Europe occidentale. Le décret du 25 septembre 1970 institue le

Europe entière vénérer Sara, leur patronne.

Il semble que ce soit au milieu du xve siècle que les tziganes découvrirent la Camargue, trouvant en ses espaces un cadre à la mesure de leurs errances. Dès lors, ils commencèrent à participer aux pèlerinages annuels. Les reliques de Sara l'Égyptienne furent placées dans la crypte. Et, durant la nuit du 24 au 25 mai, les gitans venaient prier devant la châsse de la sainte, à la lumière de centaines de cierges; nuit de dévotion au cours de laquelle s'amoncelaient, autour de la statue de Sara, fleurs et ex-voto, ceux-ci étant d'ailleurs des plus divers : morceaux de vêtements ayant appartenu à des malades, lettres de reconnaissance ou suppliques, petits tableaux... (l'église en possède une collection étonnante); mais ce rite a

été supprimé en 1955.

Les pèlerinages n'ont cependant rien perdu de leur authenticité. La liturgie n'a pas changé : descente des châsses, après les vêpres du 24 mai, dans un climat de ferveur extrême; lent défilé vers la mer, où l'on pratique l'immersion de la statue de Sara (une cérémonie introduite en 1935 à l'instigation du marquis de Baroncelli-Javon); puis, le lendemain, la célèbre procession (la barque portant les deux saintes, escortée par les gardians à cheval, ayant en croupe une Arlésienne, est promenée à travers la ville) et la bénédiction de la mer. La fête succède alors au rituel : jeux équestres et taurins font plusieurs jours durant vivre Saintes-Maries-de-la-Mer dans la liesse. ∎

▲ *Lors du pèlerinage des gitans,*
la statue de sainte Sara
est plongée dans la mer.

« Parc naturel régional de Camargue » (85 000 ha). Son symbole : deux cornes de taureau « camargue », en forme de lyre, enserrant l'étoile à huit branches. Administré par une fondation à laquelle participent l'État, le département des Bouches-du-Rhône, les communes d'Arles et de Saintes-Maries-de-la-Mer, ainsi que divers organismes de propriétaires fonciers et comités de soutien, ce parc vise à concilier la préservation de la flore, de la faune et des sites camarguais, avec l'accueil d'un public de plus en plus nombreux et le développement de certaines activités économiques traditionnelles.

Terre promise des oiseaux

La motivation essentielle de ces efforts successifs réside dans le fait que la Camargue est un véritable paradis animal. Mais, plus que le gibier à poil, que les renards et sangliers peuplant le bois des Rièges,

que les castors qui creusent des « terriers » dans les rives du Rhône et sont aujourd'hui en voie de disparition pour avoir été victimes d'une chasse outrancière, plus que les petits mammifères comme le putois, la belette, le blaireau, le furet, plus que les tortues d'eau qui habitent fossés et canaux, les couleuvres (dont la couleuvre à échelons qui fréquente haies et buissons), les rainettes vertes ou bleues et les anguilles dont regorgent les étangs, les oiseaux ont fait de cette terre un de leurs lieux de prédilection. Quelque 400 espèces y ont été dénombrées : on en aura un riche aperçu au zoo municipal de Saintes-Maries à Pont-de-Gau. D'aucunes sont sédentaires ou à peu près, tels le canard colvert, la poule d'eau, le goéland argenté, la foulque noire, la bécassine des marais, qui affectionnent les étangs et nichent parmi les plantes aquatiques. Les autres n'y sont que de passage : mais leur multitude témoigne que la Camargue est l'un des principaux relais d'oiseaux migrateurs en Europe. Elle le doit à sa situation au débouché de la vallée du Rhône dans la Méditerranée : le couloir rhodanien est l'une des grandes voies migratrices européennes, que les oiseaux empruntent à l'automne pour aller hiverner dans les pays chauds, et au printemps pour regagner leurs terres d'origine. Sur cette route, la Camargue n'est pas seulement la principale étape : elle retient, l'été durant, nombre de colonies.

De toutes les espèces qui s'y arrêtent ou qui y nichent pendant l'été, le flamant rose est le véritable joyau de la Camargue. Un envol de ces oiseaux aux ailes écarlate et noir constitue un spectacle des plus somptueux. Leurs colonies s'installent dans la région du Vaccarès et des étangs inférieurs, là où la salinité est la plus élevée. En 1969, le delta accueillit plus de 10 000 flamants venus de l'Afrique du Nord. Certains de ces oiseaux restent sur place pendant l'hiver, dont la rigueur, pourtant, ne les épargne guère.

Il serait difficile de citer tous les oiseaux qui, avec le flamant rose, animent la solitude des étangs de leurs vols et de leurs cris. Mais on peut évoquer le blanc plumage de l'aigrette garzette, que l'on rencontre sur les rives du Rhône et sur les bords de l'étang du Vaccarès, la livrée blanche et noire de l'avocette, qui se plaît parmi les salicornes, ainsi que maintes variétés de hérons (héron bihoreau que l'on ne peut apercevoir que la nuit, héron pourpre à l'affût des anguilles...) qui nidifient dans les roseaux et les joncs, petits et grands échassiers, palmipèdes et rapaces, aux besoins desquels la Camargue subvient grâce à l'extraordinaire faune de ses marais et aux innombrables insectes qu'entretient son climat.

Parmi ceux-ci, les moustiques occupent une place de choix. « Les moustiques, les moucherons et le mistral nous protègent comme ils peuvent des étrangers » ont l'habitude de dire les gens du cru. En période de canicule, il est difficile d'échapper aux piqûres des moustiques, l'agressivité de ces insectes, appelés *mangeance* loca-

Le domaine de Méjanes

Au nord-ouest du Vaccarès, la « ferme de Méjanes » est le fief de la manade Paul Ricard. Ouverte sur l'avenir — elle fut l'un des premiers centres importants de riziculture en France et fait aujourd'hui figure de domaine pilote avec ses immenses vergers —, cette propriété n'en reste pas moins fidèle à l'authentique Camargue et à ses traditions, qu'elle s'efforce de faire découvrir aux touristes par divers aménagements : une réserve zoologique, un pittoresque petit train dont le circuit permet de contempler des paysages inaccessibles autrement et, d'avril à octobre, des spectacles d'arènes (courses à la cocarde, corridas, jeux gardians). Les visiteurs peuvent loger dans des cabanes de gardians. ∎

▲ *Durant l'été, se déroulent de nombreuses fêtes où le taureau est à l'honneur.*

lement, est en effet implacable; et, seul, le vent parvient à triompher d'elle, écartant le fléau pour un temps. Mais, si diverses tentatives ont été faites pour réduire leur affluence, il n'est pas question pour autant de les anéantir car ils participent eux aussi à l'équilibre écologique de la Camargue.

Sous le signe du taureau

*« Du pays où jamais l'empreinte
de l'homme ni du cheval ne se grave,
du désert humide d'abîmes et de roseaux,
de tourbières et de fourrés,
sort un taureau fabuleux, pataugeant dans l'eau blafarde,
tout noir sur l'obscurité du ciel. »*

(Folco de Baroncelli-Javon)

Il y a bien longtemps que la Camargue possède des bovins. Les restes d'autels tauroboliques mis au jour laissent à penser que, sur ces terres, fut jadis célébré le culte du Mithra, dieu iranien de la Lumière céleste dont Rome fit, sous Dioclétien, le Protecteur de l'Empire : le sacrifice du taureau, incarnation de la vie sauvage, constituait le rite principal du mithraïsme. Mais, quant à l'origine de la race camarguaise, les avis sont partagés. Ce taureau, petit (environ 1,35 m au garrot), portant une robe noire ou brun très foncé, à la tête assez fine, nous viendrait-il de *Bos primigenius*, s'apparentant ainsi aux aurochs? Ou, plutôt, descendrait-il de *Bos taurus asiaticus*, importé de l'Asie Mineure par les hordes d'Attila? Ne ressemble-t-il pas, aussi, à ceux qu'illustrent les peintures de Lascaux et d'Altamira?

Il existe actuellement deux sortes d'élevage, l'une qui s'attache à conserver les caractères typiques de la race camarguaise, l'autre qui s'est orientée vers le croisement avec la race espagnole. Joseph Yonnet, qui avait créé sa *manade* (troupeau) en 1859 (la première en Camargue), inaugura en 1869 cette dernière politique d'élevage.

En 1550, dans sa *Provence Louée*, Pierre de Quiqueran de Beaujeu, évêque de Senez, évaluait à 16 000 le nombre de bovins existant sur le sol camarguais, important bétail élevé alors à des fins alimentaires. Aux environs de 1900, il n'en restait plus que 2 500, voués en grande partie à la boucherie. Aujourd'hui, quelque 6 000 taureaux se répartissent sur les 19 000 ha de « pâturages » qui leur sont dévolus au centre et au sud du delta, ainsi qu'au-delà des bras du Rhône. Leur territoire, en vérité, n'a cessé de reculer devant l'essor de la riziculture : ils utilisaient encore 29 000 ha en 1942, année où commencèrent à se développer les rizières. Cette réduction de l'espace est une grave menace; d'autant que l'engouement pour les

jeux taurins, dû au tourisme, exigerait au contraire que l'élevage fût intensifié. Et puis le spectacle qu'offrent les manades en semi-liberté dans les « steppes » méridionales n'appartient-il pas au patrimoine mythique de la Camargue?

On compte actuellement une cinquantaine de manades. Certains propriétaires, affiliés à l'« Association des manadiers de taureaux de race camargue », portent des noms devenus célèbres dans la bouvine camarguaise : manade Jacques Raynaud, à Sylveréal-le-Sauvage; manade Denys Colomb de Daunant, à Cacharel; manade Aubanel-de-Baroncelli, à Lavalette, non loin de Saintes-Maries-de-la-Mer, sans doute la plus connue — elle fut fondée par « lou marquès », le marquis Folco de Baroncelli-Javon. Chaque bête porte sur la croupe, marqué au fer rouge, le nom et le blason de son manadier. L'opération de marquage s'effectue lors d'une fête : la *ferrade*. Un véritable rituel préside encore à cette « torture » que l'on fait subir aux *anoubles* (taurillons d'un an).

La geste du gardian

Dans cet univers de vent et de lumière où le taureau est le maître absolu, le gardian a pris des dimensions légendaires. Il est coiffé d'un chapeau de feutre à larges bords *(valergues)*, vêtu d'un pantalon indifféremment en peau de taupe ou en « peau-de-diable » (tissu serré pied-de-poule noir et blanc), mais toujours taillé sur le même modèle (évasé à partir du genou en « patte d'éléphant »), d'une chemise aux tons vifs, d'une veste de velours noir, et porte un foulard attaché autour du cou. Cette silhouette, qui s'apparente à celle du cow-boy, est copiée avec infiniment moins de bonheur par maint touriste, qui se croit tenu d'acquérir, dans les nombreux magasins de souvenirs, les accessoires indispensables de la tenue du gardian.

Pour le rude cavalier qu'est le véritable gardian, il ne s'agit pas d'un déguisement, mais de vêtements conçus pour exercer un métier. Il s'agit d'ailleurs plus que d'un métier, quelque chose qui s'apparenterait à une religion et ceci depuis les temps les plus reculés. C'est en 1512 que fut créée, à Arles, la confrérie des Gardians, avec pour patron saint Georges. Plus de quatre siècles après, en 1933, des statuts complémentaires furent introduits dans la charte de la confrérie, sans toutefois en affecter les traditions essentielles. Chaque année, en avril, une grand-messe est célébrée à Notre-Dame-de-la-Major, à Arles. C'est pourquoi il est dommage que beaucoup de visiteurs de la Camargue tendent à ne voir dans ces « vachers » qu'un élément de folklore, oubliant le rôle difficile qui est le leur. À son *bayle-gardian* (vacher-chef) et à ses gardians, le manadier confie la lourde tâche de surveiller les bêtes en respectant leur goût de la liberté et en évitant

gardian. Il utilise la musique du « Temps des cerises », sur un mode toutefois « un peu assouvagi »

chivau
cheval (aussi appelé *rosso*, rosse, sans la moindre idée péjorative d'ailleurs)

engano
salicorne, plante halophile qui règne sur les plates étendues de la sansouire

escoussure
entaille faite à l'oreille du taureau lors de la ferrade. Chaque manadier a son motif particulier

felibre
poète en langue d'oc

gases
étendues d'eau peu profondes

li santo
Saintes-Maries-de-la-Mer

manadier
éleveur de chevaux ou de taureaux,

propriétaire d'une manade

muselado
sevrage de l'anouble

ramadam
beuglement funèbre de toute une manade de taureaux qui vient de perdre l'un des siens

roselière
étendue marécageuse, inondée tout au long de l'année et où se plaisent particulièrement les roseaux

seden
lasso fait de crins de jument tressés. Il aurait été introduit par Buffalo Bill lors de sa visite en Camargue

simbeú
bœuf « pilote », dressé à conduire le bétail

vibre
castor. ■

▲ *Une petite ville,*
une église célèbre,
Saint-Gilles.

Saint-Gilles

On rattache traditionnellement à la Camargue la petite ville de *Saint-Gilles-du-Gard*, située à l'intérieur des terres, mais cernée de rizières, de vergers et de marais, et charmante par le frais dédale de ses vieilles rues en pente. La façade de son ancienne église abbatiale, aux trois portails décorés comme une pièce d'orfèvrerie, à l'instar de Saint-Trophime d'Arles, l'un des ensembles les plus remarquables de la sculpture provençale influencée par l'art antique. ■

Le marquage des jeunes taureaux
est l'occasion d'une fête
▼ *particulière : la ferrade.*

que l'instinct reprenne le pas sur la docilité relative à laquelle l'homme les contraint. Ce qui nécessite une grande résistance, une vigilance de chaque instant et un amour de cet animal à « l'œil sauvage, l'air revêche, l'âme dure » (Mistral).

L'âpreté du sol et celle des conditions climatiques se liguent parfois impitoyablement contre l'homme et l'animal : jamais la Camargue n'oubliera l'hiver de 1929, au cours duquel 70 têtes de la manade de Fernand Granon périrent près du bois des Rièges, prisonnières des glaces. Pour éviter de telles tragédies, les troupeaux transhument à l'automne vers des pâturages plus hospitaliers, sur les bords du Rhône ou dans la région d'Aigues-Mortes, moins loin cependant que du temps où les manades allaient, franchissant le Rhône à la nage, paître dans les plaines du Languedoc.

La vie du gardian est réglée par celle des bêtes dont il a la charge. Son habitat est modeste : généralement une cabane à proximité de

l'endroit où se trouve la manade. Ce sont ces petites maisons si caractéristiques du delta, en forme de barque, avec leur toit de *sagno* et leurs murs de torchis — la façade seule est en pierre. Exposées au midi pour s'abriter du mistral, elles portent presque toutes une croix destinée à éloigner les mauvais génies. Mais aucune de celles qui parsèment aujourd'hui le pays n'est très ancienne, la dernière authentique ayant été acquise par le Museon Arlaten d'Arles.

Le cheval des marais

Dans cette vie solitaire, l'homme et sa monture ne font qu'un. Et, bien qu'à la différence du taureau il ne fasse pas l'objet d'un véritable élevage, mais soit plutôt là pour le servir, le cheval fait partie intégrante de la Camargue. Petit (jamais plus de 1,45 m au garrot),

▲ *Les mas de Haute Camargue sont souvent construits en pierre dure de Beaucaire.*

Aigues-Mortes, la ville de Saint Louis

Alors que la mer en est venue à menacer Saintes-Maries, *Aigues-Mortes* a été victime de l'ensablement du rivage et se dresse aujourd'hui isolée au milieu des lagunes. « Un vaisseau de haut bord échoué sur le sable où l'ont laissé Saint Louis, le temps et la mer », ainsi s'exprimait Chateaubriand. Avec son quadrilatère de remparts aux fossés aujourd'hui comblés, qui enserre des rues rectilignes se croisant à angle droit, avec ses courtines surmontées de chemins de ronde, avec ses grosses tours aux formes variées et ses sept poternes, Aigues-Mortes est une saisissante évocation des villes fortifiées du Moyen Âge. ■

▲ *Aigues-Mortes se dresse aujourd'hui au milieu de marais, d'étangs et de salines.*

Sur la côte de la Camargue, la longue plage populaire
▼ *de Saintes-Maries-de-la-Mer.*

assez épais, doté d'une robe gris-blanc, il doit à sa rusticité, à sa souplesse et à sa résistance (il peut couvrir 50 km par jour), comme à la largeur de son sabot qui lui permet d'avoir prise sur un sol fluide, de pouvoir subsister dans ce pays où il n'a, pour toute nourriture, que des roseaux et des plantes aquatiques. Son origine, comme celle du taureau, est une énigme. Est-il autochtone? Aurait-il été introduit par les Carthaginois ou les Maures? Une des dernières hypothèses le rattache à *Equus caballus robustus*, ancêtre préhistorique du cheval venu de l'Asie centrale. Toujours est-il qu'il vécut longtemps à l'état sauvage au milieu des marais, que les Romains tentèrent de le dresser et en firent même l'élevage, et que, à notre époque, il a conservé son goût de l'indépendance. Mais il se fait rare : on en comptait 4 000 à l'époque de Quiqueran de Beaujeu, moins de 1 000 à la fin du XIXe siècle. Il a fallu le tourisme et l'attrait pour les chevauchées auxquelles se prête admirablement le pays camarguais pour qu'on s'intéresse de nouveau à cette race.

L'image traditionnelle du gardian à cheval, bien calé sur sa selle dont le troussequin forme dossier, avec en main son fameux trident, *lou ferre* (la hampe de châtaignier mesure, à elle seule, jusqu'à 2,50 m), c'est, pour les Camarguais, l'évocation des manifestations taurines dont ils sont si friands, car aujourd'hui l'élevage ne répond

plus qu'à un seul but : les « jeux de l'arène ». De mars à novembre, près de 500 courses ont lieu en Camargue, dont beaucoup pendant la période estivale, et plus précisément au moment des fêtes votives. Aux spectacles quelque peu commerciaux des grands centres, les connaisseurs préfèrent les courses qui se déroulent dans les petites localités. Contrairement à ce qui se passe dans la corrida espagnole, il n'y a pas de mise à mort. Il s'agit simplement d'une « course à la cocarde » : des razeteurs (ainsi appelés en raison des « razets », feintes rasantes qu'ils pratiquent face au taureau) tentent de retirer, avec un crochet à plusieurs dents, une cocarde de tissu rouge tenue par des ficelles entre les cornes de la bête, ainsi que deux glands de laine placés à la base de chaque corne. La récompense est proportionnelle à la quantité d'ornements retirés et à la difficulté de l'opération. Quelques taureaux ont conquis une certaine renommée dans ces courses : Vovo, l'Arrogant, lou Paré, lou Clairon (on peut voir sa statue à Beauvaire), lou Provenço, lou Régisseur, mais surtout lou Sanglié (1916-1933), de la manade Granon-Combret. Il fut enterré à l'entrée du Caylar, et un monument a été élevé à l'emplacement de sa *querencia* (son abri) en Basse Camargue. Rares ont été les chevaux qui gagnèrent pareille gloire, hormis lou Vibre, la célèbre monture du marquis de Baroncelli, qui eut le privilège d'être enterré debout.

D'autres attraits

Au nord d'Aigues-Mortes, la *tour Carbonnière* (XIIIᵉ s.) est l'une de ces nombreuses tours de défense dont se hérissa la terre camarguaise dans les siècles qui suivirent les invasions barbares. Au sud, par-delà les étangs, s'étire le rivage avec la station du *Grau-du-Roi*, qui a su préserver le caractère original de son port de pêche tout en s'adaptant aux exigences du tourisme. Non loin de ce cadre traditionnel, une note peut sembler discordante : le nouvel ensemble de *Port-Camargue*, sorti des eaux à la pointe de l'Espiguette, et, au-delà du Grau-du-Roi, les insolites pyramides de *La Grande-Motte*. ∎

Les Saintes-Maries

24-25 mai :
 Grand Pèlerinage des gitans.

Dimanche le plus proche du
20 juillet :
 Fête « Virginenco », organisée par la Nacioun Gardiano.

Dimanche le plus proche du
22 octobre :
 Grand Pèlerinage d'octobre.

Dimanche le plus proche du
4 décembre :
 Pèlerinage de l'« Invention des châsses ».

24 décembre :
 Noël provençal.

Nombreuses fêtes folkloriques et taurines pendant la période estivale. ∎

Capitale de la Camargue fervente, Saintes-Maries-de-la-Mer est aussi
▼ *une petite cité animée.*

Aussi ancien que la course à la cocarde, l'*abrivado* : les taureaux sont conduits à l'arène par les gardians à cheval, à travers rues et places, et la foule qui se presse sur le parcours doit recourir aux ruses les plus diverses pour les faire s'échapper *(escapado)*.

Certains manadiers ne dédaignent pas corridas et novilladas, dont l'audience touristique est plus large. Aussi se consacrent-ils à l'élevage de taureaux «braves». C'est le cas des manades Georges Daumas à Bellegarde-Domaine-de-Gonet, André Pourquier à Amphise, Hubert Yonnet à la Belugo. Pour les travaux des champs, les taureaux ont été remplacés par des bœufs en provenance du Massif central ou par des chevaux bretons.

Haute Camargue, fief de l'homme

Terre nourricière des taureaux, la Camargue montre moins de clémence pour l'homme, qui s'est en général établi à proximité de l'eau douce, près du Rhône ou de ses anciens bras. Sombre image de la Camargue que celle qui nous est révélée par un manuscrit ecclésiastique de 1635 : « En toute l'isle, on ne boit que de l'eau du Rosne; telle métairie va la quérir deux lieues loin, quand le Rosne est bas. Il y a des vents intolérables. L'isle a de la chaleur qui appelle à désespoir, quatre ou cinq mois d'été. Il y a des moucherons, et de plus, de petites mouches, à milliers de millions, qui portent à la désespérade. Cela pique furieusement... »

Aujourd'hui, le tableau est loin d'être aussi sombre. Le vaste marécage a été quelque peu assaini et l'homme paraît être immunisé. Il reste néanmoins que la Haute Camargue est la partie du delta la plus propice à la présence humaine. C'est là que sont éparpillés les *mas*, ces belles demeures construites en pierre dure de Beaucaire, dont certaines, fortifiées, remontent au XVIIIᵉ siècle; des châteaux, survivances d'un riche passé dont la Camargue a en fait conservé peu de vestiges : château d'Espeyran, au sud de Saint-Gilles-du-Gard, château de l'Armellière, superbe édifice de l'époque Henri IV, au nord-est du Vaccarès.

La population s'est concentrée dans de petites cités qui ont chacune leur charme propre. Parmi elles, *Saintes-Maries-de-la-Mer* apparaît comme la capitale de la Camargue gardiane et fervente. D'abord réduite à une simple forteresse qui, de par sa situation stratégique, contrôlait la navigation sur le fleuve et sur la mer, elle vit, à partir de la seconde moitié du XVᵉ siècle, son histoire et son essor liés aux pèlerinages. À l'heure actuelle, les traditions survivent, mais la ville a perdu beaucoup de son pittoresque. Les boutiques de souvenirs ont envahi ses rues. Pseudo-cabanes de gardians, motels de luxe et camping sauvage (65 000 campeurs par an environ) gâtent ses abords.

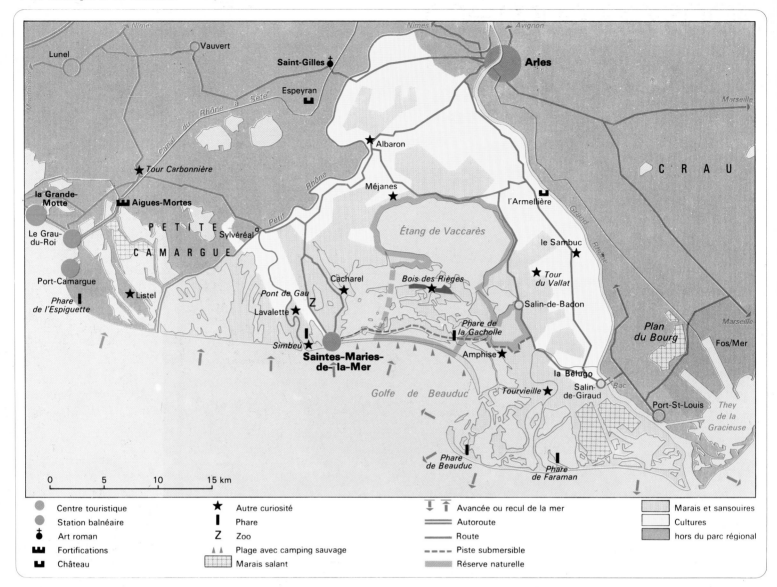

La Camargue et ses alentours.

Légende :
- Centre touristique
- Station balnéaire
- Art roman
- Fortifications
- Château
- ★ Autre curiosité
- I Phare
- Z Zoo
- Plage avec camping sauvage
- Marais salant
- Avancée ou recul de la mer
- Autoroute
- Route
- Piste submersible
- Réserve naturelle
- Marais et sansouires
- Cultures
- hors du parc régional

Au débouché du canal qui mène à Aigues-Mortes,
▼ *le port du Grau-du-Roi.*

Camargue et gastronomie

Comme pour toutes les spécialités provençales, l'huile d'olive pure et l'ail sont les deux éléments de base de la cuisine camarguaise. Voici quelques-uns de ces mets :

le **catigot d'anguilles à la gardiane**, aromatisé de thym et de laurier, parfumé à l'écorce d'orange, relevé par un morceau de piment et agrémenté de vin rouge

la **morue camarguaise**, frite puis mijotée dans un coulis de tomates

le **canard sauvage camarguais**, abondamment huilé et cuit à la broche

le **bœuf à la gardiane**, plat traditionnel des gardians, dans la confection duquel interviennent herbes aromatisées, oignons, écorce d'orange, olives vertes et noires, petits dés de lard...

les **tendrons de veau à la gardiane**, préparés avec des petits oignons, du vin blanc, un coulis de tomates et des olives, servis avec un rizotto safrané confectionné avec du riz de Camargue.

Et le tout accompagné d'un vin de table original, le **listel**, produit au sud d'Aigues-Mortes. ■

Itinéraires en Camargue

Arles. Saintes-Maries-de-la-Mer. Aigues-Mortes.

Il permet de découvrir le pittoresque hameau d'Albaron avec sa tour de défense (XIIIᵉ-XVIᵉ s.), de faire un détour jusqu'au domaine de Méjanes et de longer le parc zoologique municipal de Saintes-Maries, ou, bifurquant à gauche à partir de Pioch-Badet, de visiter le mas de Cacharel.

De Saintes-Maries à Aigues-Mortes, la route franchit le Petit Rhône et traverse la Petite Camargue; un autre itinéraire oblige à emprunter le bac du Sauvage.

Arles. Salin-de-Badon. Bac de Port-Saint-Louis-du-Rhône.

La route longe l'étang de Vaccarès à l'est avant d'atteindre Salin-de-Badon. Vers le sud-est, on passe à proximité des ruines de l'abbaye cistercienne d'Ulmet (élevée en 1154 dans une boucle du Rhône d'Ulmet, ancien bras du fleuve), du vieux comptoir phénicien d'Amphise, de la tour du Tampan ou Tourvieille (1607-1614), qui arraisonnait jadis « les bateaux montant et descendant le Rhône ». Par le bac de Barcarin on franchit le Grand Rhône et on gagne Port-Saint-Louis-du-Rhône.

Piste de Saintes-Maries-de-la-Mer à Salin-de-Badon.

Nombreux sont en Camargue les chemins sans issue. Quant aux pistes, elles sont souvent inutilisables. C'est le cas de la longue « digue à la mer » lorsqu'il fait gros temps. Trajet pourtant passionnant, qui dévoile la Camargue authentique. ■

La Camargue à cheval

Cette terre d'étangs et de marais ne se prête guère aux grandes randonnées pédestres et, pour la bien découvrir, il n'est de meilleure façon que la promenade à cheval. À cet effet, de nombreux ranches ont été créés, en particulier aux alentours de Saintes-Maries-de-la-Mer; des pistes balisées ont été tracées, dont les savants détours dévoilent au cavalier les paysages les plus variés. Le mas de Cacharel, notamment, offre aux touristes des possibilités intéressantes d'équitation. ■

la Provence
des calanques

◀◀ *En Vau : une gorge sauvage,*
une plage tranquille,
des eaux transparentes.

◀ *Les murailles escarpées*
de la Grande Candelle,
un décor plein d'âpreté.

Plaisirs de la Méditerranée,
à l'abri des blanches parois
de la calanque de Sugiton. ▼

*T*out près de Marseille,
au bord d'une mer qui a couleur de saphir ou d'émeraude,
s'étire la frange déchiquetée d'étroites calanques,
ces fjords du Midi.
Sous la lumière de l'été, le calcaire se fait plus blanc,
l'ombre plus pleine, l'eau plus scintillante.

Vertigineux à-pics,
caps aux formes tourmentées
tendus vers le large,
lignes de crêtes
aux découpes hardies,
ces profondes échancrures,
où dorment des bateaux,
constituent aujourd'hui
l'une des terres
de prédilection
de la varappe.
Murailles sises
à proximité de la mer
et dominant la terre,
abrupts dressés droit
au-dessus de l'eau,
c'est de 20 à 300 mètres
d'altitude
une infinité de possibilités
pour les adeptes de ce sport.

Des pins intrépides ▶
s'accrochent
à l'aiguille de l'Eissadon,
au bout de la calanque
du même nom.

Du sommet ▶
de l'arête de la Saphir,
plongée vertigineuse sur
la calanque d'En Vau.

◀ *À la verticale de la mer,*
escalade du
Bec de Sormiou.

*Paisibles mouillages
dans les eaux limpides
de la calanque de Sugiton.*

*Calmes criques à l'abri de parois verticales,
fonds dont rien n'altère la transparence,
ces sites encore sauvages, baignés de soleil,
ponctués d'une rare végétation,
savent se montrer accueillants.*

6. Calanques de Marseille

▲ *Au calme de la calanque
des Pierres tombées,
dominée par
la Grande Candelle.*

◄ *Mer, soleil
et retour
à la nature...*

▲ *Paysage aride,*
balayé par les vents,
la falaise des Toits
au-dessus de
la calanque de Sugiton.

Dans un décor sauvage ▶
serpente un chemin,
qui mène
du vallon d'En Vau
à la Grande Aiguille.

8. Calanques de Marseille

En deçà de la mer,
un univers encore minéral de pâles falaises aux sculptures insolites,
où s'agrippent garrigue et pins odorants,
où se faufilent d'étroits sentiers appréciés des randonneurs.

Rochers aux formes douces, ▶
maisons nichées dans les pins,
la calanque du Mugel,
près de La Ciotat.

▲ *De Morgiou aux falaises Subeyrannes,*
le long ruban capricieux
des calanques marseillaises,
taillées à vif dans la roche.

Au-delà du Vieux-Port et
de son joyeux fouillis de bateaux,
la cité marseillaise s'étale
▼ *autour de la Canebière.*

Pour les hommes d'aujourd'hui, c'était il y a bien longtemps, mais au regard de la grande Nature et de la beauté inchangée des lieux, c'était hier... Il y a un peu plus de deux millénaires et demi, des galères grecques parties de Phocée, cité ionienne d'Asie Mineure, longent le massif des Calanques, magnifique, odoriférant et qui, enluminé par un soleil ardent, rappelle aux marins leur lointain pays. Mais les falaises sont inabordables et, là où il serait possible d'accoster, l'arrière-pays est sauvage, désertique : il faut poursuivre vers le couchant.

Combien de fois, au cours d'escalades aériennes, légères, entre mer et ciel, ai-je songé à ces galères parties à l'aventure, venues chercher fortune? Elles dépassent les îles qui, dans la mer, continuent le massif et, ayant changé de cap — au gré de la côte —, arrivent enfin à la crique espérée : assez étroite, profonde, abritée des vents et des tempêtes, et prolongée par des terres hospitalières qu'entourent de belles collines blanches, parées de chênes verts. Après être passées devant ce qui est aujourd'hui La Ciotat, le Bec de l'Aigle, Cassis, la côte et le massif des Calanques, le groupe des îles de Riou, Plane, Jarre, Maire, l'îlot de Planier plus au large, où a été élevé le phare qui annonce la rade de Marseille, le groupe des îles du Frioul, Pomègues, Ratonneau et If, les galères phocéennes entrent dans la calanque du Lacydon, devenue le Vieux-Port de Marseille. Mais à peine l'aventure en mer est-elle terminée — du moins pour ce voyage, car, par la suite, se produira plus d'un naufrage dans les parages de Riou ou de Planier, à la croisée des vents — qu'une autre aventure commence sur terre, tout aussi exaltante.

La naissance de Massalia

Cela se passe 600 ans av. J.-C. Selon la légende, le chef des Phocéens, Protis, se présente à Nann, le roi des Ségobriges (tribu ligure qui occupe le pays), le jour où ce chef offre un banquet aux guerriers prétendant à la main de sa fille Gyptis. Protis est invité et, à la fin du repas, quand Gyptis entre dans la salle, c'est tout naturellement vers lui qu'elle se dirige, c'est à lui qu'elle présente la coupe rituelle. Le mariage a lieu. En dot, Gyptis apporte la colline sise au sud du Lacydon et au pied de laquelle une petite ville va s'installer : *Massalia* (ou *Massilia*), qui ne tarde pas à devenir prospère.

Étape importante sur les routes commerciales, Massalia est en effet bientôt la grande rivale de Carthage. Le négoce est désormais sa vocation : des comptoirs en Languedoc, des colonies sur la côte d'Ibérie... La république massaliote noue alliance avec Rome, tout en préservant sa civilisation marquée au sceau de la Grèce et de l'Ionie. Ce n'est qu'en 49 av. J.-C. que César l'assujettit à l'Empire. Encore reste-t-elle autonome, foyer de culture intense et brillant. Mais la domination franque sur la Provence (VIᵉ s. apr. J.-C.) marque son déclin. Une nouvelle fois, elle devra son essor à la mer — cette fois-ci face aux Pisans et aux Génois —, avant d'être réunie au royaume de France à la fin du XVᵉ siècle.

Marseille et ses souvenirs

« La Canebière assourdissante, les fleurs, les fruits exotiques, les alcarazas brodés comme des melons, les moules mouillées, les oursins, le ciel bleu, la chaleur, les cris, le bonheur animal d'un peuple qui vit sur les trottoirs... » Certes, comme l'écrit Colette, Marseille est un univers de bruits et de cris, de couleurs chatoyantes et d'odeurs suaves, un monde exubérant et pittoresque où l'on vit à l'heure de la mer et du soleil. Mais, par-delà cette animation toute méditerranéenne, par-delà un important développement économique et démographique — l'une des deux villes « millionnaires » de province —, l'ancienne Massalia se souvient de son lointain passé, du temps où elle était un État indépendant, avec sa constitution oligarchique, ses lois, ses monnaies.

Au XIXᵉ siècle, des travaux d'urbanisme et, à notre époque, des fouilles organisées ont mis au jour des vestiges de la Marseille grecque, alors sise au nord du Vieux-Port actuel, sur la péninsule triangulaire que surmonte aujourd'hui le fort Saint-Jean. Outre des restes de construction de l'époque hellénistique (IIIᵉ-IIᵉ s. av. J.-C.), découverts au cœur de la ville près de la Bourse, ont été trouvés des lampes, des céramiques, des vases ibériques, des sarcophages, des stèles funéraires. Du port antique, on a exhumé des murs de soutènement en blocs appareillés, ainsi que des quais. Et, en 1947, le long du port, à l'emplacement de vieux quartiers rasés par la guerre, apparurent les docks romains

→

▲ *La populaire statue dorée de la « Bonne Mère », du haut de la basilique de Notre-Dame-de-la-Garde, veille sur Marseille depuis le siècle dernier.*

Depuis Protis, plus de deux millénaires ont passé : Massalia est devenue *Marseille*. La colline est toujours là, superbe belvédère; à son sommet a été édifiée au milieu du XIXᵉ siècle, dans le style romano-byzantin, la basilique de *Notre-Dame-de-la-Garde*, la « Bonne Mère » qui veille sur les marins. Au début du XIIIᵉ siècle s'élevait déjà

à cet emplacement une chapelle. Au XIVᵉ débutaient les pèlerinages qui, au fil des temps, prirent de l'importance. Aujourd'hui, ses voûtes sont garnies d'ex-voto naïfs et, le 15 août, les pèlerins affluent de tous les coins de la Provence. La montagne de la Garde est une colline tout en rocher blanc, d'altitude modeste (162 m) mais escarpée et admirablement située : de toutes parts, elle domine, et la vue est aussi belle qu'étendue, que ce soit en direction de la mer ou en direction de Marseille. « C'est le plus beau lieu de la nature. D'un côté, on a le port et la ville de Marseille sous ses pieds... De l'autre, on découvre plus de 12 000 bastides. Du troisième, on voit les îles et la mer à perte de vue... et du quatrième, on n'aperçoit qu'un grand désert tout hérissé de pointes de rochers », déclarait Madeleine de Scudéry en 1644.

L'antique cité phocéenne est à présent une grande ville qui s'est étendue jusqu'aux puissantes collines qui l'encerclent. Son grand axe reste traditionnellement la *Canebière*, toujours fort animée, dont le sillon à travers la ville prolonge celui du Vieux-Port jusqu'à l'intérieur des terres. Sur près d'un kilomètre, grands magasins et cafés escortent le « cœur » de Marseille le long de cette avenue lumineuse et gaie. Le nom de « Canebière », si souvent chanté, vient de « chènevière » : champ de chanvre. En effet, on en cultivait ici, après qu'au Moyen Âge on eut assaini les marais qui bordaient l'amont du Lacydon. Le chanvre était ensuite filé pour la fabrication des cordages destinés aux navires amarrés à deux pas. Quant aux quais du *Vieux-Port*, ils furent construits sous Louis XII, puis sous Louis XIII. Mais la croissance maritime de Marseille au XIXᵉ siècle fut telle que le Vieux-Port ne suffit plus. Les navires s'y tassaient sur plusieurs rangs, et la profondeur de 6 mètres était trop faible pour les bateaux de fort tonnage; une extension s'imposait. Aussi, en 1844, une loi autorisa-t-elle la création d'un bassin à la Joliette, suivie de celle de plusieurs autres bassins, tous au nord du Vieux-Port, lequel fut réservé aux barques de pêche et de plaisance ainsi qu'aux yachts des riches Marseillais.

Grande nature et monde moderne

C'est surtout au couchant qu'est particulièrement belle et intéressante la vue depuis Notre-Dame-de-la-Garde. À l'ouest et au sud, vers le large, le soleil, alors à peine au-dessus de l'horizon, souligne l'appel de la mer et la perpétuelle invitation au voyage; à l'est et au nord, la lumière rasante laisse apercevoir la structure de Marseille, ainsi que les reliefs de la région, et elle permet d'en déceler les différents plans.

Au nord, les quais, les bassins et les jetées du port moderne, créé de toutes pièces par l'homme, s'étirent jusqu'à l'Estaque, le long de la

(Ier s. apr. J.-C.). Un musée les abrite, en même temps que d'autres souvenirs (amphores, jas d'ancres en plomb, proues de bateau, etc.) qui évoquent la grande activité massaliote : le négoce.

Des époques ultérieures, placées aussi sous le signe du commerce, Marseille a gardé quelques monuments pleins d'intérêt, telle la *basilique Saint-Victor* qui s'élève sur les lieux d'une grande abbaye, fondée en 413 par Jean Cassien, en hommage à un soldat romain, Victor, martyrisé. Détruite par les Sarrasins au IXe siècle, elle fut rebâtie à partir du XIe, modifiée à plusieurs reprises, puis, au XIVe, prit l'allure de forteresse que nous lui connaissons. Les ogives du porche, le vaisseau gothique, les catacombes, tout cela nous reporte « au plus profond de l'histoire du

christianisme en Occident » (Fernand Benoît). Lors de la procession des fêtes de la chandeleur, Saint-Victor résonne de la ferveur de toute une ville. Autres témoignages des temps médiévaux, l'ancienne *cathédrale de la Major* — consacrée à sainte Marie Majeure, et dont l'architecture romane (ou du moins ce qu'il en subsiste) jouxte la cathédrale romano-byzantine de la seconde moitié du XIXe siècle — et le *clocher des Accoules,* reste d'une église fort ancienne. Lors de la grande peste qui ravagea Marseille de 1720-1722 (apportée de la mer par un navire venant de Syrie) et qui fit quelque 100 000 victimes (dont la moitié pour Marseille), l'église des Accoules était devenue hôpital. La Révolution la choisit comme siège du tribunal révolutionnaire, puis la détruisit.

Parallèlement à ces édifices

▲ *La porte d'Aix, à Marseille, monumental arc de triomphe décoré de statues et de bas-reliefs dus au ciseau de David d'Angers.*

Au bord de l'étang de Berre, le petit port de Martigues conserve encore le pittoresque ▼ *qui séduisit tant de peintres.*

mer. C'est là le premier port de France, depuis des siècles ouvert sur l'Orient, mais de plus en plus tourné vers l'Europe. Au-delà de ces multiples enclaves, la plaine cède le pas à la chaîne calcaire de la Nerthe, ou chaîne de l'Estaque, tandis que la côte s'oriente brusquement vers l'ouest, au pied de cette chaîne et parallèlement à son axe, jusqu'au cap Couronne. Là, le calcaire blanc, qui s'élevait à 278 m au-dessus de l'Estaque, après s'être abaissé peu à peu, s'efface dans la mer; le rivage, tout au long escarpé et festonné de « calanques », s'évase pour former le golfe de Fos, le delta du Rhône et, plus à l'ouest, la secrète Camargue.

Derrière les collines de la Nerthe, *Martigues* et l'*étang de Berre* sont reliés au golfe de Fos par le canal de Caronte. La lumière, très pure comme à l'Estaque, a attiré peintres et écrivains, notamment Corot. Mais le Pontet, le canal Saint-Sébastien que, joliment, l'on appelle le « miroir aux oiseaux », le quai Brescon, les barques de pêcheurs, le musée consacré au folklore provençal et les vieilles maisons sont près

d'être cernés par le pétrole, le béton et l'acier. À 3 km de là, au nord-ouest, la chapelle Notre-Dame-des-Marins se dresse sur une hauteur (107 m) d'où le panorama est vaste. Grande nature et industrialisation alternent et se côtoient, tant bien que mal. Un des plus grands complexes portuaires d'Europe (raffineries, industries chimiques et sidérurgiques) ferme désormais les horizons du *golfe de Fos* dont la belle plage de sable, à la porte de Camargue, est encadrée par le port pétrolier de Lavéra et par Fos, « l'Europort du Sud ». Mais s'efforçant d'« oublier » ces installations, les pêcheurs s'activent dans les ports, observant toujours leurs rites séculaires. Le monde moderne n'a pu tout envahir et, non loin, entre Martigues et Marseille, dans les découpures de la côte située au sud des collines de l'Estaque, de petites stations se dorent au soleil, comme autrefois : *Carro* et son port de pêche, *Sausset-les-Pins, Carry-le-Rouet,* dont les fonds marins attirent les plongeurs. Les pins descendent jusqu'à la mer, et la vue sur la rade de Marseille, surtout le soir, est très belle.

14. Calanques de Marseille

eligieux, il est de belles constructions civiles, souvent ransformées en musées. La *maison Diamantée*, chef-d'œuvre de la Renaissance avec sa façade de pierres aux bossages en pointes-de-diamant, est un musée consacré au Vieux-Marseille et à l'art calendal (santons). Le *château Borély*, de la fin du XVIIIe siècle, recrée le décor des riches demeures de négociants, tout en abritant un vaste musée archéologique. Moins ancien, le *palais Longchamp* (v. 1860) est, quant à lui, partagé entre les beaux-arts et l'histoire naturelle. Enfin, les musées *Grobet-Labadié* et *Cantini* réunissent, respectivement, des collections d'objets décoratifs, peintures, tapisseries, meubles, et des collections de faïence provençale ancienne.

Marseille recèle donc une multitude de centres d'intérêt attachés à son histoire : des vieilles pierres, des musées. Mais aussi, pour le promeneur, des parcs (parc du Pharo, parc Borély, parc Amable-Chanot), de larges avenues (la Corniche, le Prado, la Canebière), et, toujours, l'ouverture sur les horizons marins. Là s'étale la Marseille moderne, avec son immense ensemble portuaire que l'on peut visiter en vedette ou à pied (en suivant la Digue du Large). ■

La Fiero di Santoun

Le premier dimanche de décembre, s'ouvre à Marseille, sur la Canebière, une *foire aux santons* qui, jusqu'au jour des Rois, fait revivre l'ancienne Provence. La ferveur de tout un peuple s'exprime ainsi à travers les « santouns », ces petites statues de différentes tailles (les santons puces ont quelques millimètres; les santons mouches, de 4 à 5 cm; les géants, environ 15 cm) que des artisans de Marseille, d'Aubagne, d'Aix et d'autres cités provençales modèlent dans l'argile et peignent à la main.

Si l'origine de la crèche remonte, semble-t-il, à saint François d'Assise qui, au soir de Noël, en 1223, imagina de représenter la Nativité par un tableau vivant, le principe des santons n'est probablement apparu qu'à la fin du XVIIIe siècle. Touchée par l'influence italienne, la Provence adopta la coutume de la « crèche domestique », réunissant autour de l'Enfant Jésus des personnages en bois ou en liège dans les familles pauvres, en verre filé ou en cire chez les plus riches. Puis Jean Louis Lagnel (né en 1764) inaugura la tradition de l'argile cuite. Avec les santonniers du XIXe siècle, l'univers de la crèche s'enrichit de nouvelles figurines, toutes à l'image des hommes et des femmes du terroir.

« Les hommes et les bêtes, tout est en émoi, l'ange qu'à la crido a éveillé tout le coteau, qui va! qui vient! qui rit! qui chante! Jean, levoté! corrès vite! venès leu! Tout jusqu'au diable est dehors! Véritablement, si Notre-Seigneur était né aux Baux, la scène n'eût pas été différente » (Frédéric Mistral). Vers le saint lieu sont accourus, alarmés par le son des fifres et des tambourins, les habitants de la campagne et de la mer : les petits artisans, l'aveugle et son fils, le pêcheur, la poissonnière, « lou Ravi » — bras au ciel en signe d'admiration —, le joueur de vielle, les bohémiens... Les costumes

→

Le plateau de Castelvieil, en bordure de la calanque de l'Oule, ▼ *tombe à pic dans la mer.*

Pour achever le tour d'horizon

À l'est de la chaîne de la Nerthe et de la dépression qui donne accès au bassin d'Aix-en-Provence et à la montagne Sainte-Victoire, les collines de calcaire blanc forment la *chaîne de l'Étoile,* dont les sommets familiers sont le Pilon du Roi (670 m) et Garlaban (710 m), qui domine Aubagne. Plus à l'est, au-delà de la vallée de l'Huveaune, le long de laquelle est sis un village au nom évocateur de Pont-de-l'Étoile, se dresse la *chaîne de la Sainte-Baume,* dont le premier ressaut est le pic de Bartagne (1 043 m), cher aux escaladeurs et qui, à l'est du Saint-Pilon (994 m), s'élève jusqu'à la Croix des Béguines (1 147 m), au-dessus d'une forêt magnifique, versant nord.

Si maintenant, de Notre-Dame-de-la-Garde, on se tourne vers le sud-est et le sud, on aperçoit d'autres collines. D'abord la *chaîne de Saint-Cyr,* avec le sommet de Carpiagne (646 m), puis le *massif des Calanques,* qui s'élève droit au-dessus de la mer, formé à l'ouest de Marseilleveyre qui domine Marseille, et à l'est du mont Puget en direction de Cassis et de La Ciotat.

Cependant, ce vaste paysage de collines qui, de la chaîne de la Nerthe au massif des Calanques, entoure Marseille, ne correspond qu'à un peu plus de la moitié des 360 degrés de l'horizon que l'on embrasse depuis Notre-Dame-de-la-Garde; toute l'autre moitié, c'est la mer..., sa beauté, son mystère, mais aussi la tentation qu'elle fait naître dans le cœur des hommes. Cette tentation millénaire que Marcel Pagnol a su merveilleusement traduire dans *Marius :* le large.

En contrebas, la *corniche Président-J.-F.-Kennedy* unit le Vieux-Port à la plage du Prado, en contournant à fleur de mer la colline de Notre-Dame-de-la-Garde. Cette promenade, devenue large boulevard, où s'est estompé le pittoresque d'autrefois, étire son cordon sur plus de 5 km, offrant tout au long de beaux aperçus sur la côte et sur les îles, et permettant de découvrir le vallon des Auffes, un port de pêcheurs qui semblent vivre hors du temps. La corniche s'achève à Callelongue, là où commencent, abrupts, sauvages et grandioses, la côte et le massif des Calanques.

Un monde à part : le massif des Calanques

Sur ces falaises, à la verticale de la mer, j'ai appris à grimper; mais le plaisir de l'escalade serait bien pauvre si ne s'y mêlaient d'autres plaisirs plus profonds. Dans les calanques, j'ai d'abord connu une nature restée vierge, le silence et la solitude qui vous lient à elle. Ici, à l'entrée, la nature a un charme et une puissance qui envoûtent et que l'on ne comprend que peu à peu. C'est un pays à la croisée de deux mondes : un bord de mer. Mais cela n'explique pas tout. L'attrait et la

▲ *Prêts à prendre place
dans une crèche provençale,
des santons figurant les rois mages.*

restent souvent ceux de la fin du XVIIIᵉ siècle : pour les hommes, culotte courte, bas blancs, souliers à boucle, veste et chemise à large col avec cravate aux couleurs vives; pour les femmes, corset, casaque noire, fichu de couleur, tablier et coiffe. Le tout situé dans un cadre qui fleure bon la Provence, avec ses mas et ses oliviers.

Parallèlement à l'univers des santons, il existe encore des crèches vivantes ou animées par des automates. ■

Plein soleil

À une trentaine de kilomètres à l'est de Marseille, *La Ciotat* bénéficie d'un site privilégié. Installée dans le golfe des Lecques qui s'ouvre au midi, abritée des vents par les collines qui la dominent, elle ne reçoit que le soleil (2 771 heures par an). Sans doute est-ce la rare luminosité de son ciel qui lui valut de prêter son cadre au début du cinématographe. Louis Lumière y installa en effet sa caméra pour nombre des premiers films que Paris devait découvrir le 28 décembre 1895 (*l'Arroseur arrosé, le Repas de bébé*, etc.).

Rebutés par un terroir infertile qu'n'accepte, semble-t-il, que la vigne (on y produit un excellent petit vin), les Ciotadens connurent eux aussi une vocation maritime et commerciale. D'abord colonie marseillaise, ruinée par les invasions, puis, au Moyen Âge, fief de l'abbé de Saint-Victor, leur petite cité fit bientôt de la construction navale sa spécialité. Les bois de Cuges et de Signes fournissant le

vigueur de cette terre viennent de la rencontre exceptionnelle des deux grandes lignes : comme le long des plus belles aiguilles de Chamonix, la ligne verticale, qui donne la profondeur du ciel, mais aussi, devant soi, l'horizon, qui suggère l'infini des espaces marins. Et c'est là que réside le caractère vraiment original de cette nature.

Ainsi, m'appelant d'une colline à l'autre, d'une calanque à une autre, d'une plage de galets à une plage de sable, me renvoyant du nord au sud, de l'est à l'ouest, cette région a été pour moi l'île déserte que chaque enfant porte en son cœur.

En toutes saisons, je me baignais. Durant l'hiver, l'eau devient fraîche, même froide, mais il me semblait que se baigner était, d'une part, une question de fidélité et d'appartenance à « l'île » et que, d'autre part, cela n'était qu'affaire de volonté et d'entraînement. Au sortir de l'eau, le soleil, en me séchant, participait à mon plaisir; il n'était pas là pour me bronzer, mais pour me réchauffer. À la fin de la journée, j'étais heureux : cœur comblé et muscles fatigués.

À la longue, je me mis à grimper. Pas pour le plaisir de grimper, car l'escalade m'impressionnait, mais pour les besoins de certains itinéraires : sur la soixantaine de sentiers qui parcourent les calanques, une dizaine comportent quelques « pas » d'escalade — quelques mètres —, pour franchir une petite barre de rochers ou pour contourner une arête. Cependant, si, au début, ces quelques « pas » n'étaient qu'un moyen me permettant de poursuivre mon chemin, afin de découvrir les coins les plus secrets de mon île déserte, assez vite l'escalade devint un nouveau jeu. Un jeu dont je compris la gravité : tenir son existence entre ses doigts, c'était une autre découverte. En en prenant conscience, il me semblait naître une deuxième fois. Je me sentais un peu plus responsable de moi-même et, très vite, j'appris que la lucidité est nécessaire à l'enthousiasme, faute de quoi l'enthousiasme n'est que sotte témérité ou élan puéril.

Dès lors, les rochers, jusque-là beaux mais indifférents, devenaient partenaires. Les fissures et les trous, creusés au cours des siècles par l'eau dans le calcaire, devenaient cheminements.

L'apprentissage de l'escalade

Les calanques abondent en parois et arêtes, aiguilles et sommets. Pour moi, la plus belle et la plus sauvage des crêtes était la *Grande Candelle* : de toutes, c'est la plus éloignée de Marseille et de la route qui conduit à Cassis, celle qui, sans que l'on voie la ville, offre la plus large vue sur le massif et la mer. Au cours de mes randonnées, j'en avais fait le tour, un assez long périple, car, si le versant nord ne s'élève qu'à une trentaine de mètres au-dessus du pierrier, son versant sud, haut de 465 m, plonge en deux ressauts sur la côte et la mer. Le

jour où, par la voie normale, courte et facile (30 m de 2ᵉ degré, un « pas » de 3ᵉ pour user d'une cotation précise), un peu impressionnante toutefois (se déroulant sur un versant nord, elle est dans l'ombre), j'atteignis le sommet de la Grande Candelle, je fus très heureux.

Après d'autres escalades plus difficiles au rocher des Goudes, au rocher de Saint-Michel, à En Vau, à Sormiou, je revins à la Candelle pour bivouaquer au sommet, dans un creux de genévrier. Si j'avais déjà eu l'occasion de dormir sous la tente, là, pour la première fois, j'allais m'endormir sous les étoiles. Camper est amusant, bivouaquer, c'est autre chose : on fait confiance au ciel. On peut sourire à cela, mais, par moments, quand le soleil s'éteint et disparaît, on se trouve un peu ridicule d'éprouver quelque inquiétude. L'homme est-il donc si faible, si fragile?... Et pourtant, bivouaquer permet de percevoir tant de murmures, de connaître tant de nuances, de pénétrer l'intimité de la nuit aussi bien que la profondeur du ciel, plus vaste et plus insondable que celle de la mer. C'est être comme ce rocher et ce genévrier fidèles, qui chaque soir restent là, ne désertent pas, ne deviennent pas tout à coup étrangers à la terre. C'est au contraire partager le sort de la terre et, au bout de la nuit, recevoir avec elle les premiers rayons du soleil, les accueillir comme les accueillent les falaises et la mer.

J'ai bien souvent bivouaqué, au bord de la plage ou sur les crêtes qui, de part et d'autre, dominent les calanques. Bivouacs volontaires d'ailleurs, car le massif n'est pas si grand : une ou deux heures de marche suffisent pour rejoindre la route et regagner Marseille. À vingt ans, j'ai quitté la région pour devenir guide de haute montagne. Parfois, aussi souvent que possible, j'y suis retourné. Car ce pays est toujours, à tout moment, en moi. Si j'ai la chance d'aimer la montagne, la mer, le désert, c'est bien à lui que je le dois. Un beau paysage n'est pas seulement un agencement harmonieux d'eau, de pierres, d'arbres, de soleil et de vent; pour un jeune garçon, il est d'abord une sorte de « nourriture ».

Un chaos à nul autre pareil

Les *calanques* sont des échancrures étroites et profondes, tels des fjords, où la mer s'insinue entre de hautes falaises; par extension, le nom de « calanques » (*calanco*, en langue provençale) a été donné à l'ensemble du massif calcaire qui s'étend sur plus de 20 km, entre la mer, à l'est, au sud et à l'ouest, et la route, qui, au nord, relie Marseille à Cassis.

Ce massif se partage en deux régions d'importance inégale et, bien que d'origine commune, de caractères différents. L'une, contre

matériau, cette activité s'amplifia..., au point que Marseille en prit ombrage au début du XVIIIe siècle et tenta d'entraver le commerce maritime de La Ciotat. Ce n'est qu'au XIXe siècle que les chantiers de construction reprirent leur essor. Ils sont aujourd'hui les plus importants du littoral méditerranéen; 52 000 m² d'installations leur sont consacrés. Et la production croît chaque année.

Mais, à ces chantiers qui, pourtant, au moment des lancements, offrent un impressionnant spectacle, les visiteurs préfèrent *La Ciotat-Plage,* avec son cadre luxuriant où croissent palmiers et mimosas, ainsi que les promenades dans les environs. Les buts d'excursions ne manquent pas : l'escarpement insolite du Bec de l'Aigle, dressé à 100 mètres et séparé de l'île Verte par un chenal, la petite chapelle de Notre-Dame-de-la-Garde qui, du haut de son éminence (80 m), a vue sur la ville et le port, ou la superbe route des Crêtes. Cette dernière mène par toute une série de lacets au sémaphore (324 m), d'où le panorama est vaste, du cap Sicié au cap Croisette et, par temps clair, jusqu'aux îles marseillaises, tandis que vers l'arrière-pays se déroulent des horizons de bois, des collines aux formes douces, puis la haute barrière de la Sainte-Baume. En poursuivant la route des Crêtes, l'on gagne les falaises les plus hautes de France — elles tombent dans la mer par des abrupts de plus de 300 mètres (362 m au cap Canaille, et même 399 m à la Grande-Tête). En contrebas, l'univers sauvage des calanques, aux eaux limpides. ■

▲ *Port-Miou : la plus profonde,*
la plus facile d'accès,
la mieux aménagée des calanques.

Dans l'anse de Figuerolles,
les étranges sculptures de l'érosion :
▼ *le rocher du Capucin.*

laquelle Marseille est adossée, culmine à 439 mètres au sommet de Marseilleveyre; l'autre, plus à l'est et qui finit à Cassis, s'élève à 564 mètres à la tête de Puget. Les deux petits massifs, celui de Marseilleveyre et celui de Puget, communiquent par une zone de plus faible altitude, contiguë à Marseilleveyre mais séparée de Puget par un ravin profond qui s'étend de la calanque de Sugiton à la banlieue du Redon.

Une même complexité de phénomènes a provoqué dans chacun des massifs une variété étonnante de formes. Vallons tortueux, crêtes enchevêtrées, pointes élancées, falaises verticales, parfois lisses, parfois striées, confèrent au terrain un aspect désolé, sauvage et chaotique, d'accès peu aisé. Dans l'ensemble, il n'y a pas 10 ares qui soient plats ou uniformes. Mais la nature de la roche est partout la même : calcaire urgonien à grain serré. L'érosion l'a buriné : au pied des à-pics d'un blanc éclatant s'entassent de vastes éboulis. Débarrassées de leur gangue, les falaises jaillissent d'un élan, et, des crêtes dénudées où soufflent mistral et vents marins, se dégage une impression de solitude et d'immensité.

Cependant, chacun de ces deux massifs a ses caractères propres. *Marseilleveyre* projette en étoile ses arêtes secondaires, décrivant ainsi un nombre important de vallons qui s'ouvrent à la mer en calanques. Dès la sortie de Marseille, les premiers contreforts du massif de Marseilleveyre donnent au littoral un aspect plus sinueux qu'accidenté. La côte des calanques prend naissance à la banlieue de la Madrague, contourne le mont Rose, passe par l'anse des Goudes pour former un angle au cap Croisette, face à l'île Maire.

De nord-sud, la direction de la côte change soudain, pour devenir ouest-est. Le pilier d'angle est le rocher de Saint-Michel-d'Eau-Douce; un peu en avant, le rocher des Goudes, bien connu des escaladeurs, domine la pittoresque calanque de *Callelongue* (un petit port s'y est installé), où se termine la route qui longe la côte depuis Marseille. Viennent ensuite les calanques de la Mounine, de Marseilleveyre, des Queyrons, de Podestat, de l'Escu, l'anse de la Melette et la calanque de Cortiou. Au large, le cortège des îles : Jarre, Jarron, Calsereigne, plus souvent appelée Plane, et surtout Riou, très belle, très sauvage, entourée d'îlots : le Petit et le Grand Congloué, les Empereurs et l'Écueil du Milieu.

Plus loin, appartenant encore au massif de Marseilleveyre, mais assurant déjà la transition, se dessinent deux calanques parmi les plus belles. La calanque de *Sormiou* est enserrée par les hautes falaises blanchâtres du Cancéou et par celles de l'Extrême-Bec, flanqué de la Momie. Son petit port de pêche, l'attrait de sa plage de sable fin, sa pinède, la mystérieuse grotte du Capélan qui perce la pointe à l'ouest ainsi qu'une grande facilité d'accès (un service de bateau la relie au Vieux-Port) en font l'endroit le plus fréquenté du massif. Quant à la

▲ *La Ciotat : le port de pêche,
dominé par une belle église
du XVIIe siècle.*

calanque de *Morgiou,* profondément enclavée dans la côte, encaissée entre deux murailles abruptes, plus sauvage et plus sombre dans ses lignes, elle abrite, elle aussi, des barques et une double rangée de maisons de pêcheurs. L'ensemble est aimable malgré l'étrangeté de certains sites. De la crête de Morgiou, où parviennent à s'accrocher des arbres, la vue embrasse les massifs de Marseilleveyre et de Puget.

Un parfait solarium

La région de *Puget,* au contraire, constitue un bloc unique, prolongé à l'est, le long de la chaîne de la Gardiole, par de hauts plateaux tabulaires. Ceux-ci sont entaillés très profondément, au sud et à l'est, par d'étroits et tortueux ravins débouchant sur les calanques, où la mer semble pénétrer difficilement. Le rivage plonge en falaises (parfois hautes de 400 m) dans des eaux aux reflets indigo.

La calanque de *Sugiton,* encadrée par des parois verticales et dénudées, offre un paysage à la fois âpre et grandiose. Face à elle, le Cygne, gracieux îlot que notre époque appelle « le Torpilleur ». Puis se succèdent, au fil de la côte, les grandes dalles de la Lèque, à peine inclinées vers la mer, parfait solarium à l'abri des contreforts verticaux de la Grande Candelle (465 m), la calanque de *Saint-Jean-de-Dieu,* ou « de l'Œil-de-Verre », et son prolongement, le Val Vierge, cerné de murailles en surplomb, les calanques du *Devenson,* de *l'Eissadon* et de *l'Oule,* dominées par les falaises du Baou-Rouge, hautes de 220 m; plus loin, ces falaises verticales tombant droit dans la mer s'avancent telle une immense carène : c'est la presqu'île de *Castelvieil,* aux lignes géométriquement régulières, qui supporte un plateau parallèle à la mer.

Juste derrière, communiquant par la Fenêtre de Castelvieil, la plus belle calanque : *En Vau,* élégante dans sa sobriété, souriante dans sa sauvage grandeur. Le bleu dense de la mer, le blanc du rocher, le vert des pins qui s'y agrippent, les sculptures en « aiguilles » de ses roches, ses à-pics imposants composent l'un des plus beaux ensembles de la côte. Au fond de la gorge qu'elle dessine, une petite plage apporte une note moins sévère. Ses voisines, les calanques de *Port-Pin* et de *Port-Miou,* ne manquent pas non plus de charme. La première, étirée entre des versants garnis de pins et de garrigue, est plus aérée. La seconde, la plus profonde de toutes (1 200 m), dominée par des roches aux silhouettes torturées, est malheureusement transformée en carrière; ne l'empruntent plus les barques de pêcheurs mais les lourdes péniches qui transportent la pierre de Cassis.

Enfin, c'est *Cassis,* avec ses trois plages, sa vieille ville aux rues montueuses, ses demeures anciennes, et son port bordé de maisons aux tuiles génoises. Niché au pied des impressionnantes falaises du cap Canaille et des hauteurs dénudées du massif de Puget, protégé des vents et donc doté d'un climat très tempéré, ce petit village de pêcheurs est devenu, autour de 1925, le « Montparnasse » méditerranéen. Il inspira des peintres, tels Vlaminck, Matisse, Kisling, Dufy. Faveur due, sans conteste, à ses environs agrestes et à sa lumière.

*Entre les roches ocres et blanches
Qu'en demi-lune forment calanques,
Le front en plein midi
Et les pieds dans la mer.*

Ainsi Mistral décrivait-il Cassis dans *Calendal,* ajoutant un peu plus loin : «Qu'a vist Paris, se noun a vist Cassis, a ren vist...» Aujourd'hui, la tradition de la pêche survit, mais le village s'ouvre de plus en plus au tourisme balnéaire. Pavillons pimpants et luxueuses villas se blottissent au milieu des pinèdes. Mais ce décor reste éminemment provençal. Cassis est dominé à l'est par la barrière de roches rouges des falaises Subeyrannes, les plus hautes de France.

Dans ce massif des Calanques, vaste de 125 km², il n'y a, chose remarquable, ni route ni agglomération, si ce n'est la route qui, le bordant au nord, réunit Marseille à Cassis. Seuls des sentiers balisés permettent de le sillonner, et les rares habitations se réduisent au sémaphore de Callelongue, à la maison forestière de la Gardiole et aux maisons de pêcheurs de Sormiou et de Morgiou.

Un site protégé?

Le massif et la côte des Calanques ont été maintes fois menacés par entrepreneurs et promoteurs. Grâce au manque d'eau et plus encore à un relief fort chaotique qui aurait provoqué des investissements trop importants pour être rentables, les calanques se sont défendues elles-mêmes. Mais, plus d'une fois aussi, ce fut l'action d'hommes clairvoyants et généreux qui permit la protection des lieux. Dès 1913 une puissante manifestation était organisée dans la calanque de Port-Miou par différentes sociétés excursionnistes pour dénoncer les dangers que présentait l'exploitation (alors à ses débuts) d'une carrière dans cette calanque. Mais si, à Port-Miou, l'entreprise de démolition l'a emporté sur les « amis de la terre », ce fut heureusement le contraire qui se passa quand, en 1923, En Vau faillit, à son tour, être transformée en carrière.

Par la suite apparut et réapparut, remanié selon les circonstances, le projet d'une « route des Calanques », accompagnée par le cortège inévitable, et plus ou moins avoué, des constructions de toutes sortes pour « rentabiliser l'opération ». En 1965, les menaces se précisant, Paul Rouaix créa le COSINA (Comité pour la défense des sites

« À la pointe du Grand Congloué, à 100 pieds de profondeur, il y a une arche de pierre sous-marine... Juste à côté il y a une fameuse colonie de langoustes et certaines d'entre elles logent dans des vieilles jarres : des amphores. » Tel est le merveilleux secret qu'un plongeur autonome, Christianini, accidenté et sauvé par le caisson de décompression du Groupe d'exploitation et de recherches sous-marines, créé par le commandant Cousteau et Frédéric Dumas, confia un jour à ce dernier. Et, pendant l'été 1952, la *Calypso* s'approche de l'île de Riou et de l'îlot du Grand Congloué. Cousteau plonge et rapporte trois coupes d'argile. Le professeur Fernand Benoit les estime : IIe siècle av. J.-C., type campanien.

Un véritable chantier sous la mer, à flanc de falaise, est organisé. Le chargement du navire qui, si près de son but, a fait naufrage, est très varié : 3 000 amphores de type rhodien, gréco-italique et romain. Des armatures de bois et des paillons assurent l'immobilité de la cargaison. Contrairement aux amphores provenant d'un autre naufrage, près de l'île du Levant, qui, fermées par de la terre de Pouzzoles, contenaient encore des restes d'olives ou de poissons, celles-ci sont vides : sans doute contenaient-elles du vin, car il y a à l'intérieur des traces d'enduit de résine. Elles portent le cachet SES, suivi d'un trident renversé ou d'une ancre; il est vraisemblable que l'armateur-négociant était Marcus Sestius, envoyé à Délos par Rome qui désirait contrôler la Grèce.

La cargaison du navire se compose également de vaisselle

→

▲ *Des fonds riches de mille trésors, un plongeur remonte une amphore, ... pour la science et les musées.*

Au pied de hauteurs dénudées, Cassis, à la fois port de pêche et port de plaisance.

naturels), qui regroupait 35 associations attachées à la préservation de cette région. Cet organisme se fixait comme objectif la sauvegarde de la beauté des calanques, afin de transmettre celles-ci aux générations futures aussi belles qu'elles nous ont été données. C'est ainsi qu'il a œuvré efficacement contre la « route des Calanques » et, aujourd'hui, le danger semble écarté. Par contre, les routes dites « du feu » (réservées aux pompiers) sont abusivement utilisées par des centaines d'automobilistes, ce qui constitue en cas d'incendie un obstacle à la lutte contre le feu, à cause de l'étroitesse de ces routes. Grâce à l'une de ces « routes du feu », des cabanons ont été bâtis dans la calanque de Morgiou. Sans permis de construire, sans eau, sans hygiène. Le COSINA a pu arrêter la prolifération anarchique de ces cabanons, mais n'a pu obtenir la démolition de ceux déjà en place.

Le COSINA s'est aussi élevé contre un projet pour la construction d'un téléphérique, avec restauration panoramique sur le sommet de Marseilleveyre. Le projet a été abandonné.

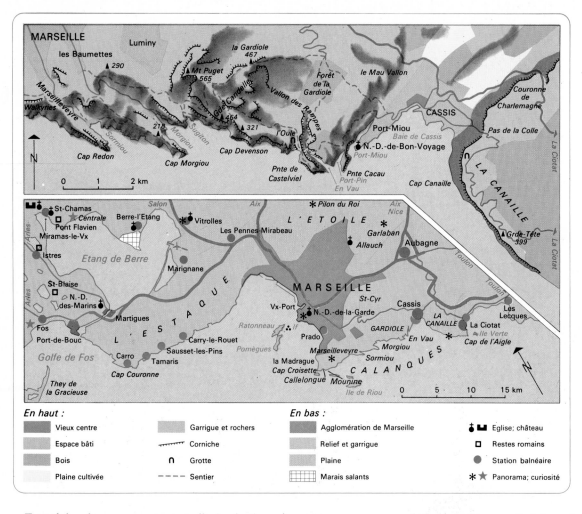

MARSEILLE — Luminy — les Baumettes ▲290 — la Gardiole 467 — Mt Puget ▲565 — le Mau Vallon — Forêt de la Gardiole — Marseilleveyre — Walkyries — Cap Redon — Sormiou — 218 — Morgiou — Gde Candelle 464 — Sugiton — 321 — l'Oule — Vallon des Rampes — CASSIS — Port-Miou — Baie de Cassis — N.-D.-de-Bon-Voyage — Port-Miou — Couronne de Charlemagne — Pas de la Colle — Cap Devenson — Cap Morgiou — Pnte de Castelviel — Pnte Cacau — Port-Pin — En Vau — Cap Canaille — LA CANAILLE — La Ciotat — La Ciotat

St-Chamas — Salon — Aix — ✱ Pilon du Roi — Aix Nice — Centrale — Berre-l'Etang — ✱ Vitrolles — Les Pennes-Mirabeau — L'ETOILE — ✱ — Garlaban — Grde-Tête 399 — Pont Flavien — Miramas-le-Vx — ✱ Allauch — Aubagne — Istres — Marignane — MARSEILLE — St-Cyr — Cassis — Les Lecques — St-Blaise — N.-D. des-Marins — Vx-Port — ✱ N.-D.-de-la-Garde — LA CANAILLE — La Ciotat — Martigues — Ratonneau ✱ If — Prado — GARDIOLE — Ile Verte — Fos — Port-de-Bouc — Carry-le-Rouet — Pomègues — En Vau — Cap de l'Aigle — Golfe de Fos — Carro — Sausset-les-Pins — Marseilleveyre — Morgiou — ✱ — Tamaris — la Madrague — ✱ Sormiou — CALANQUES — Cap Croisette — N — Cap Couronne — Callelongue — Mounine — They de la Gracieuse — Ile de Riou

0   1   2 km

0   5   10   15 km

En haut :
- ▬ Vieux centre
- ▬ Espace bâti
- ▬ Bois
- ▬ Plaine cultivée
- ▬ Garrigue et rochers
- ⌒⌒⌒ Corniche
- ∩ Grotte
- --- Sentier

En bas :
- ▬ Agglomération de Marseille
- ▬ Relief et garrigue
- ▬ Plaine
- ▦ Marais salants
- ♠ Eglise; château
- ▢ Restes romains
- ● Station balnéaire
- ✱★ Panorama; curiosité

campanienne : 6 000 pièces.

Toutefois, aucune indication qui puisse expliquer comment le naufrage a eu lieu.

D'autres épaves ont été retrouvée sur la « route des amphores », en particulier à proximité de cette côte, à Planier, par exemple; mais combien d'autres, sans doute, demeurent-elles inconnues ? ■

Pour une visite des calanque

S'il n'existe pas de routes qui parcourent le massif des Calanques, certaines le bordent et en ouvrent l'accès :

— Marseille (La Madrague-de-Montrédion) - les Goudes - Callelongue : accès au massif de Marseilleveyre.

— Marseille (Mazargues) - la Cayolle : accès à la route du feu qui va à Sormiou (les routes du feu sont en principe interdites aux automobilistes).

— Marseille (Mazargues) - les Baumettes : accès à la route du feu qui va à Morgiou.

— Marseille (Mazargues) - Luminy : accès à la calanque de Sugiton.

— Marseille (Mazargues) - col de la Gineste : accès au massif de Puget e à la Grande Candelle.

— Marseille (Mazargues) - col de la Gineste - le Logisson - col de la Gardiole : accès à la calanque d'En Vau. Du col de la Gardiole, il est possible de continuer en voiture jusqu'à l'auberge de jeunesse de La Fontasse.

— Cassis - Port-Miou - Port-Pin : accès vers En Vau.

Toutefois, de graves menaces d'urbanisation pèsent encore, en particulier sur les zones de Luminy et du Baou de Sormiou, les deux zones les plus fragiles du massif des Calanques. Des autorisations de construire ont été accordées à des endroits que l'on prétend protéger. En fait, plus les déclarations d'amour de la nature sont fortes et véhémentes, plus le béton et le fer remplacent les arbres, les arbustes et le ciel.

Le COSINA, cependant, a suscité auprès du public une prise de conscience : les calanques existent, site précieux qui appartient à tous et qu'il importe de conserver. Parfois sont organisées, avec la collaboration des sociétés adhérentes, des opérations « propreté » ou « reboisement »; la dernière, le 26 janvier 1975, réunit plus de mille participants qui plantèrent 1 100 feuillus dans le vallon de l'Oule.

Enfin, le COSINA a mené une action interne pour le « classement » des calanques. Celui-ci est intervenu par décret du ministère de la Qualité de la vie en date du 29 août 1975. Est désormais « classé parmi les sites pittoresques du département des Bouches-du-Rhône l'ensemble formé, sur les communes de Marseille et de Cassis, par le massif des Calanques ». Un espoir pour 15 kilomètres de nature !

Par terre et par mer

Pour se rendre dans les calanques, il existe deux moyens : la marche ou le bateau. En ce qui concerne la marche, s'offre une gamme considérable de possibilités, de la promenade courte sur un chemin sans difficulté jusqu'à la randonnée de plusieurs heures qui comporte des dénivellations plus importantes. Par bateau, il existe des services réguliers depuis Marseille et surtout depuis Cassis; de Callelongue aussi, des pêcheurs assurent la traversée jusqu'à l'île de Riou et à la calanque de la Mounine. Un excellent programme consiste à combiner les deux : marche pour atteindre la calanque et retour par mer, ou *vice versa*.

Dans les calanques, où l'on jouit d'un paysage d'une grande beauté, les activités sont toutes tentantes : baignade dans une eau qui, en général, reste assez fraîche, plongée sous-marine, voile, canoë ou kayak et, évidemment, la pêche. Les fonds abondent en sardines, rougets, girelles, sars, mérous, rascasses, sans compter les langoustes, les homards et les oursins. Quant à la varappe, l'éventail des possibilités est immense : plus de 2 000 voies, des plus faciles à celles d'une difficulté extrême. Ainsi, ce pays (mer, côte, massif) est un jardin où les hommes peuvent se dépenser sainement, en toute liberté.

Mais, pour apprécier ces calanques, il n'est vraiment que la marche. Marcher est toutefois devenu un luxe que les individus du XXᵉ siècle ne peuvent plus s'offrir : à cause des voitures, ils sont devenus culs-de-jatte. Voilà pourquoi ce pays est menacé. Si le coût d'une route n'était pas si élevé, à cause du relief qui décourage les promoteurs les plus entreprenants, c'en serait fini depuis longtemps de ce sanctuaire. Car, pour mieux cacher leur vice, les hommes du béton et de l'argent proclament, dans le dessein de convaincre : « Ces lieux si beaux doivent pouvoir être vus par tous et non pas être réservés à quelques-uns. »

Mais qui est incapable de marcher trois quarts d'heure sur un sentier facile? Si marcher trois quarts d'heure, et même deux heures, au cours d'une journée était un exploit, ce serait la terrible démonstration que l'homme d'aujourd'hui n'est plus rien. Fini. Vide. Mort. Heureusement, ce n'est pas vrai. Chaque dimanche, et parfois dans la semaine, de nombreuses personnes parcourent les calanques en tous sens, promeneurs de tous âges qui n'ont rien d'athlètes ou de champions.

À une époque dite « de civilisation des loisirs », créer une route dans un jardin est une autre façon de tuer les hommes, en les privant d'une activité saine qui consiste à utiliser ce que la naissance leur a donné : des jambes, des poumons et aussi... un cœur. Ce jardin-là, je le connais bien : plus que dans la grande ville qui lui est adossée, j'y suis né, et si je parle de lui, c'est parce que je l'aime, mais surtout parce qu'il est un exemple de ce qu'il faut à tout prix préserver. Il ne s'agit pas « d'amour de la nature », cela est secondaire et peut venir par la suite, mais d'un véritable « besoin » de la nature, aussi impérieux que celui de l'eau et du pain.

Index